Roswitha Gruber
*Ein Bauernleben*

Roswitha Gruber

# *Ein Bauernleben*

rosenheimer

2., überarbeitete Auflage
© 2020 Rosenheimer Verlagshaus GmbH & Co. KG,
Rosenheim
www.rosenheimer.com

Titelbild: © Bundesarchiv, Bild 183-V00023 / Fotograf: Schaaf
Lektorat und Bearbeitung: Christine Weber, Dresden
Satz: SATZstudio Josef Pieper, Bedburg-Hau
Druck und Bindung: GGP Media GmbH, Pößneck
Printed in Germany

ISBN 978-3-475-54421-7

# Inhalt

Die Vorgeschichte .................................................. 7

Ottilie erzählt ...................................................... 12
  Das verschenkte Kind ..................................... 12
  Kinderzeit ...................................................... 26
  Ein Brief mit Folgen ....................................... 44

Toni erzählt .......................................................... 51
  Auf dem Hof der Vorväter .............................. 51
  Die Schulzeit ................................................. 58
  Beim Besenbinden ......................................... 68
    Die Fischer-Liesl ........................................ 71
    Die Rauferei .............................................. 73
    Der Pfarrermord ........................................ 77
    Die Drohung ............................................. 86
  Mein tüchtiger Onkel ..................................... 92
  Im Zweiten Weltkrieg ................................... 103
    Der Bauer Lenz ........................................ 105
    Die Hinrichtung ....................................... 107
    Die Beschuldigung ................................... 110
    Der Busfahrer .......................................... 114
    Dem Tod nahe ......................................... 115
  Wieder daheim! ............................................ 142
  Das Leben geht weiter .................................. 157
  Meine Schwester Margret .............................. 169
  Auf Freiersfüßen .......................................... 175

Resi erzählt .................................................... 187
  Ein langer Weg zum Glück ........................... 187

Toni kommt wieder zu Wort ............................ 196
  Im Ehestand ..................................................... 196
  Mein wunderbarer Vater ................................ 203

Ottilie berichtet weiter ...................................... 212
  Und es wird gut .............................................. 212

Toni blickt noch einmal zurück ....................... 234
  Auf dem Altenteil ........................................... 234

# Die Vorgeschichte

An einem Sonntagnachmittag im Mai 2012 beobachtete ich vom Fenster meines »Dichterstübchens« aus, wie sich ein mir unbekanntes Paar auf unser Haus zubewegte. Da wir so abgeschieden wohnen, kommt es äußerst selten vor, dass sich jemand hierher verirrt. Und weil man die Haustürglocke im ersten Stock nicht hört, eilte ich gleich nach unten, um die Tür zu öffnen. Verlegen lächelnd, standen sie davor: ein älteres Ehepaar, das sich als »Herr und Frau Edelhofer« vorstellte.

Nach der Begrüßung hielt er mir eine Plastiktüte entgegen, mit den Worten: »Wir haben da mal ein bisschen aus unserem Leben aufgeschrieben. Vielleicht können Sie ein Buch daraus machen.«

»Das schaue ich mir gern mal an.« Damit bat ich das Ehepaar in meine Küche – den einzigen Raum, der in dieser Jahreszeit um diese Tageszeit beheizt ist. Bevor ich einen Blick in die beschriebenen Seiten warf, stellte ich eine Frage, die ich bisher noch niemandem gestellt hatte, der mir seine Geschichte angeboten hatte: »Warum möchten Sie, dass aus Ihrer Lebensgeschichte ein Buch wird?«

»Als wir aufs Altenteil gingen, habe ich aus Langeweile angefangen, meine Lebensgeschichte aufzuschreiben«, gestand die Frau. »Nun denke ich, dass sie auch für andere interessant sein könnte.«

»Ja«, fügte der Mann hinzu, »und ich kam erst auf die Idee, etwas aufzuschreiben, als unsere Enkel immer wieder Fragen nach der Vergangenheit stellten.« Er hielt einen Moment inne und nahm einen Schluck von dem Wasser, das ich mittlerweile vor sie hingestellt hatte. »Noch bin ich da, um so etwas beantworten zu können. Aber wer weiß, wie lange noch.«

Seine Frau bekräftigte das durch Kopfnicken. »Deshalb möchten wir, dass das alles festgehalten wird. Aber so, wie wir das aufgeschrieben haben, lässt sich das nicht gut lesen.«

»Ich habe noch einen zweiten Grund«, bekannte der Mann. »Ich denke, dass meine Erlebnisse für junge Menschen eine Warnung sein könnten, nie wieder einen Krieg anzufangen.«

Meine Neugier war geweckt. Bevor ich aber einen Blick in die handbeschriebenen Blätter warf, wollte ich wissen: »Wie sind Sie ausgerechnet auf mich gekommen?«

Nun erklärte der Mann, er habe einige von meinen Büchern gelesen, weil ihn die Titel angesprochen hätten. »Die Art, wie Sie schreiben, gefällt mir.«

Mich interessierte noch, woher diese Leute kamen, denn ihrer Sprache nach stammten sie nicht aus Reit im Winkl. In einem kleinen Ort im Landkreis Mühldorf seien sie zu Hause.

»Das liegt ja nicht gerade um die Ecke«, stellte ich fest. »Warum haben Sie extra den weiten Weg bis hierher gemacht? Das Manuskript hätten Sie doch auch mit der Post schicken können.«

»Das stimmt. Aber wir weilen gerade zur Kur in Bad Reichenhall. Von da ist es ja nur ein Katzensprung. Außerdem wollte ich Sie kennenlernen«, er lächelte verlegen.

Ich blätterte in den dicht beschriebenen Seiten, um mir einen ersten Eindruck zu verschaffen. Die alten Leutchen saßen schweigend dabei.

»Da gibt es aber viele Lücken in Ihrer Geschichte«, wandte ich mich endlich an die beiden. »Deshalb werde ich Ihnen, noch bevor ich mit dem Schreiben beginne, viele Fragen stellen müssen.«

»Das ist kein Problem. Sie können uns gerne für ein paar Tage auf unserem Einödhof besuchen. Dann werden wir alles beantworten«, bot er mir an.

»Das wird nicht nötig sein, das lässt sich sicherlich alles telefonisch regeln«, wehrte ich ab. »Möglicherweise komme ich aber doch auf Ihr Angebot zurück.«

Ein Jahr später saß ich mit meinem Mann wirklich in der Stube des alten Einödhofes, und das alte Ehepaar beantwortete mir alles, was ich wissen wollte.

Einige ihrer Enkelinnen waren rührend um uns bemüht. Sie sorgten für Speise und Trank und bezogen im Gästezimmer die Betten für uns. Auf dem Nachttisch fanden wir ein von ungelenker Kinderhand geschriebenes »Programm« für den folgenden Tag. Darauf war unter anderem vermerkt, wann und wo das Frühstück einzunehmen sei. Am nächsten Morgen nahmen wir ein üppiges Frühstück ein: Noch bevor sie zur Schule aufgebrochen waren, hatten die Mädchen alles liebevoll auf dem Küchentisch aufgebaut.

Nach dem Frühstück ging das Frage- und Antwortspiel mit »Oma und Opa« weiter.

Auf einige Fragen aber mussten mir die beiden die Antworten schuldig bleiben, was ihnen sichtlich leidtat, und mir natürlich auch. Plötzlich hatte Toni – mittlerweile waren wir längst per Du, weil sich dabei solch familieninterne Dinge besser besprechen lassen – eine Idee: »Du solltest zu meiner ältesten Schwester gehen, die weiß gewiss einiges mehr als ich.«

»Wie alt ist deine Schwester?«, fragte ich verblüfft, denn Anton selbst war bereits achtundachtzig.

»Die Ottilie ist dreiundneunzig.«

»Und du meinst, die kann mir noch was erzählen?« Er nickte. »Dann sollte ich heute noch zu ihr hin«, war meine spontane Reaktion, »wo ich schon mal in der Gegend bin.«

Toni rief sogleich bei ihr an, um unseren Besuch anzukündigen.

Wenig später schon waren wir auf der Suche nach ihrem Einödhof. Dieser lag so versteckt, dass wir trotz Tonis genauer Beschreibung Mühe hatten, ihn zu finden. Nachdem wir an die Tür geklopft hatten, wunderte ich mich, dass sich kurz darauf im Haus tatsächlich etwas regte. Eine hübsche junge Frau öffnete. Es stellte sich heraus, dass sie eine Enkelin der alten Dame war und das Anwesen mit ihrem Mann übernommen hatte. Sie führte uns in die Stube, deren Einrichtung urgemütlich war. Neben dem dunkelgrünen Kachelofen saß Ottilie in ihrem wuchtigen Ohrensessel, wie ich mir immer die

Großmutter aus den Märchen vorgestellt hatte. Wir machten es uns auf dem altertümlichen Sofa bequem, und ich begann, meine Fragen zu stellen.

Ich war überrascht, dass mir die alte Dame noch all das aus ihrer Kindheit berichten konnte, was ihr Bruder – da er ja einige Jahre jünger war als sie – nicht mitbekommen oder gar schon vergessen hatte.

Ein Jahr nach diesen Besuchen, als es endlich ans Schreiben ging, rief ich Toni und seine Frau Resi sowie seine Schwester Ottilie immer wieder mal an, weil mir noch wichtige Einzelheiten fehlten. Was dabei herausgekommen ist, lege ich Ihnen mit diesem Buch vor.

Zunächst lasse ich Ottilie von ihrer Kindheit auf dem Einödhof erzählen, danach kommen auch Toni und seine Frau Resi zu Wort.

Viel Freude beim Lesen wünscht Ihnen
*Roswitha Gruber*

# Ottilie erzählt

## Das verschenkte Kind

Meine Eltern, Therese und Josef, haben im Januar 1920 geheiratet, und nach schicklichen zehn Monaten kam ich auf die Welt. Wenn ich den Aussagen meiner Mutter glauben darf, waren beide nach meiner Geburt ein wenig enttäuscht, weil ich kein Bub geworden war. Die Mutter war vielleicht noch ein bisschen mehr enttäuscht als mein Vater. Er muss nämlich versucht haben, sie zu trösten: »Mach dir nichts draus, Therese«, soll er gesagt haben, »der Bub kommt schon noch. Schau, das Kindermädchen ist schon mal da für den Rest der Kinder, die noch kommen wollen.«

Im Oktober des folgenden Jahres lag schon wieder ein Mädchen in der Wiege. Verständlicherweise war der Vater darüber traurig, die Mutter aber wesentlich mehr als er. Sie hatte so sehr mit einem Buben gerechnet, dass sie sich gar keinen Mädchennamen überlegt hatte. Weil aber die Hebamme drängte, sagte sie schließlich: »Nimmst halt meinen Namen, weil es eh wurscht is.« Das hat sie mir später erzählt.

Das Mädel wurde dann Resi gerufen, und die Mutter ließ das arme Kind ziemlich links liegen. Ihre Laune hob sich erst wieder, als am 23. April

1923 endlich der ersehnte Stammhalter in der alten Familienwiege lag. Selbstverständlich bekam er den Namen Josef, nach seinem Vater. Dessen Vater hatte schon Josef geheißen. Davor hatte es eine Reihe von Antons gegeben und davor eine Reihe von Hoferben mit dem Namen Hans, wie man aus unserer Familienchronik ersehen kann. Dass der Vorname des Hofbesitzers von Zeit zu Zeit wechselte, lag daran, dass nicht immer der Erstgeborene seinem Vater auf den Hof folgte. Wenn eine Krankheit oder der Krieg ihn hinweggerafft hatte, kam der Zweit- oder gar der Drittgeborene zum Zug. Aber immer in all den Jahrhunderten, soweit Aufzeichnungen vorhanden sind, hat es auf dem Edelhof einen männlichen Edelhofer gegeben.

Zurück aber zu meinem kleinen Bruder Josef. Damit man ihn nicht mit dem Vater verwechseln konnte, war sein Rufname bald Sepp. An seine Ankunft in unserer Familie kann ich mich verständlicherweise nicht erinnern, zu der Zeit war ich selbst ja erst zweieinhalb Jahre alt. Als aber knapp zwei Jahre darauf, am 22. Februar 1925, meinen Eltern ein weiterer Sohn geschenkt wurde, ist mir das lebhaft im Gedächtnis geblieben. Ich erinnere mich noch an die strahlenden Gesichter meiner Eltern, als mein Vater die kleine Resi und mich an die Wiege führte, mit den stolzen Worten: »Da schaut, Dirndln, das ist unser zweiter Bub.«

Da der Name des Vaters bereits vergeben war, wurde der Kleine Anton genannt, nach dem jüngeren Bruder meines Vaters, der auch sein Taufpate wurde. Alle riefen den Buben nur Toni.

Was mir aber noch wesentlich deutlicher in Erinnerung blieb, ist das, was etwa ein Dreivierteljahr später geschah. Es muss ein Samstagabend Anfang November gewesen sein. Mutter und Großmutter hatten noch in der Küche zu tun, während wir Kinder schon alle in unseren Betten lagen. Plötzlich vermisste ich meine Lumpenpuppe. Die musste ich draußen beim Spielen – es war ein sonniger Herbsttag gewesen – liegen gelassen haben, als wir zum Nachtessen gerufen worden waren. Also schlich ich mich leise nach unten, öffnete vorsichtig die Haustür und fand meine Puppe tatsächlich auf der Hausbank, die vor dem Küchenfenster stand, sodass der matte Lichtschein von der Petroleumlampe auf sie fiel. Glücklich klemmte ich sie mir unter den Arm und wollte genauso unbemerkt wieder in mein Bett schleichen. Doch in dem Moment, als ich an der Küchentür vorbeikam, die nur angelehnt war, vernahm ich die besorgte Stimme meiner Großmutter: »Und du willst das Kind wirklich deiner Schwester Anna schenken?«

»Warum nicht?«, antwortete die Mutter ungerührt. »Ich hab schon vier Kinder, und es können leicht noch ein paar dazukommen. Bei meiner Schwester aber ist der Zug abgefahren.«

Mehr bekam ich nicht mit, denn ich hörte, dass sich Schritte der Tür näherten. Also huschte ich, so schnell ich konnte, die Treppe hinauf. Im Bett dachte ich dann noch lange über das Gehörte nach. Die Mutter wollte also ein Kind verschenken? Welches? Einen der Buben bestimmt nicht. Dazu hing sie viel zu sehr an ihnen. Also kam nur eine von uns beiden

Dirndln infrage. Meinte sie etwa mich? Warum wollte sie das tun? Und welcher Zug war abgefahren?

Ich kannte Mutters Schwester, die Anna, mochte sie jedoch nicht besonders gern, weil sie nicht sehr nett war. Sie war erst kürzlich bei uns gewesen mit ihrem kleinen Buben, dem Otto. Er war etwas über ein Jahr alt, eigentlich ein herziges Kerlchen. Sollte ich für den etwa die Kindsmagd machen? Wer aber machte dann die Kindsmagd bei meinen beiden Brüdern? Ob sich die Mutter dann die Resi dazu abrichten würde?

Am anderen Morgen wachte ich munter auf und dachte, das alles sei nur ein böser Traum gewesen.

Doch nach dem Mittagessen putzte meine Mutter die Resi fein heraus – was man damals halt unter »fein« verstand. Meine Schwester bekam ihr Sonntagsgewand an und sogar Schuhe. Das fand ich sonderbar, denn im Sommer liefen wir Kinder normalerweise barfuß herum und im Winter auf Strümpfen. Noch sonderbarer fand ich es, dass die Mutter Resis Werktagsgewand, ein bisschen Unterwäsche, Wollsocken und Wollstrümpfe in ein großes rot kariertes Tuch packte. Als sie dann der Großmutter zurief: »Du kannst das Wagerl holen, die Resi ist fertig«, überkam mich eine Art Panik. Ich stürzte mich auf meine Schwester, die sich völlig arglos von meiner Mutter hatte zur Haustür führen lassen, und umklammerte sie mit beiden Armen.

Da nahte die Großmutter auch schon mit dem Wagen, der auf den dicken hellen Kieselsteinen, mit denen der Hof gepflastert war, ganz schön bollerte. Die Mutter legte eine Decke hinein und forderte die Resi auf, einzusteigen. Das ließ sich die nicht zweimal sagen, denn ein Ausflug mit der Großmutter, noch dazu im Wagerl, schien doch sehr verlockend. Ich aber wollte sie nicht loslassen, weinte herzzerreißend und flüsterte ihr zu: »Nicht einsteigen! Bleib hier!«

Da riss die Mutter mich gewaltsam los und herrschte mich an: »Bist du narrisch geworden, was ist nur mit dir los? Vergönnst du deiner Schwester den kleinen Ausflug nicht? Ein andermal wirst schon du an die Reihe kommen.«

Nein, nein, schrie es in meinem Innern, ich will nicht auch noch verschenkt werden! In meiner Hilflosigkeit weinte ich weiter. Auf die Fragen meiner Mutter konnte ich doch keine Antworten geben, damit hätte ich mich ja verraten. Dann hätte sie gewusst, dass ich am Vorabend gelauscht hatte. Und Lauschen war uns von klein auf als etwas äußerst Verwerfliches hingestellt worden.

Den ganzen Tag über konnte ich nicht mehr froh werden. Während ich in der Küche auf meine beiden kleinen Brüder aufpassen musste, lief ich immer wieder zum Fenster, um zu schauen, ob die Großmutter nicht bald zurückkäme. Noch immer hegte ich die stille Hoffnung, dass ich mich vielleicht doch geirrt hatte und die Großmutter meine Schwester wohlbehalten zu uns zurückbrächte.

Nach Stunden endlich sah ich sie in den Hof einbiegen. Müde zog sie den leeren Handwagen hinter sich her. Da quollen mir erneut die Tränen aus den

Augen. Als Großmutter mich weinen sah, tätschelte sie mir hilflos die Wange. Die Mutter aber sagte: »Lass sie nur. In ein paar Tagen wird sie es vergessen haben.«

Um der Mutter und mir eine weitere Szene zu ersparen, zog ich mich noch vor dem Nachtessen in mein Bett zurück. Mit meiner Schlumpelpuppe im Arm weinte ich mich in den Schlaf.

Am nächsten Morgen gähnte mich als Erstes Resis leeres Bett an, und ich hatte ein Gefühl in der Brust, als lagere dort ein schwerer Klumpen. Aber nicht nur mein Kummer war es, der mich bedrückte, sondern vor allem auch die Sorge um meine arme Schwester. Wie musste sie sich fühlen? Wie würde es ihr dort ergehen – wehrlos der Tante, dem Onkel, dem fremden Hof ausgeliefert?

In den folgenden Tagen erledigte ich schweigend meine kleinen Pflichten, stets bemüht, meiner Mutter so wenig wie möglich unter die Augen zu treten. Mir war klar, dass ich auf meine Fragen keine wahrheitsgemäßen Antworten erwarten konnte. Wenn ich etwas über das Schicksal meiner Schwester erfahren wollte, musste ich Geduld haben. Irgendwann, wenn ich mal mit der Großmutter allein war, wollte ich sie fragen. Sie war eine liebe Frau. Mit ihr konnte man nämlich reden. Sie fuhr einem nicht gleich über den Mund, wenn man ihn mal aufmachte. Sie war es auch, die mir von ihrem Mann, meinem Großvater, erzählt hatte. Dieser muss ein schöner und tüchtiger Mann gewesen sein, denn wenn sie von ihm sprach, geriet sie immer ins Schwärmen. Er war bereits ein Jahr vor meiner Geburt gestorben. Allein dieser Tatsache war es zu verdanken, dass meine Eltern endlich hatten heiraten können. Da mein Großvater sich damals nicht dazu durchringen konnte, seinen Hof zu Lebzeiten zu übergeben, wurde mein Vater erst nach dessen Tod Bauer auf dem Edelhof. Erst dann war er in der Lage, eine Familie zu gründen.

Rückblickend kann ich nicht verstehen, wie es meine Mutter fertigbrachte, einfach ein Kind wegzugeben, wo sie doch so furchtbar fromm war. Nicht nur, dass sie jeden Morgen in die Kirche eilte und uns Kinder am Sonntag mitzerrte, sobald wir in der Lage waren, die etwa zweieinhalb Kilometer zu marschieren – nein, es wurde auch jeden Tag der Rosenkranz gebetet. Nach dem Frühstück ein Gesetz, nach dem Mittagsmahl zwei Gesetze und nach dem Nachtessen ebenfalls zwei. Am Sonntagabend wurden sogar ein ganzer Rosenkranz gebetet und anschließend noch eine Litanei. Außerdem hatte sie zu dem Zeitpunkt, als sie die Resi verschenkte, doch erst vier Kinder. Sie konnte ja nicht ahnen, dass noch eine ganze Menge folgen würde.

Wie auch immer, es sollten noch einige Wochen ins Land gehen, bis sich endlich eine Gelegenheit ergab, dass ich mit der Großmutter allein reden konnte. Es war am Heiligen Abend, die Stunde der Bescherung war vorüber. Selig hielt ich meine Schlumpelpuppe im Arm, die einige Tage zuvor verschwunden gewesen war und die ich – o Wunder – mit einem neuen Gewand unter dem Christbaum wiedergefunden hatte. Die Großmutter saß in ihrem Lehnstuhl und las eifrig in der Bibel, während meine Eltern, in ihr Festtagsgewand gekleidet, auf dem Sofa saßen.

Auf einmal erhoben sie sich, und die Mutter sagte: »So, Ottilie, ab ins Bett. Wir gehen jetzt in die Christmette.« Zur Großmutter gewandt, fügte sie hinzu: »Du wirst ja auch nicht mehr allzu lange aufbleiben. Achte darauf, dass alle Lichter aus sind.« Im Sommer hatten wir nämlich elektrischen Strom bekommen; das war eine feine Sache.

Folgsam erhob ich mich, wünschte allen artig eine gute Nacht und verzog mich nach oben. Ich kleidete mich aber nicht aus. In voller Montur legte ich mich ins Bett und lauschte. Als ich endlich die Haustür ins Schloss fallen hörte, sprang ich aus dem Bett und eilte – tapp, tapp – wieder nach unten. Ich hatte Glück: Die Großmutter studierte immer noch eifrig in der alten Familienbibel.

Sie hob den Kopf. »Ja, Ottilie, was ist denn mit dir los? Kannst nicht schlafen?«

»Ich muss mit dir reden.«

»Na, dann komm her.« Sie begab sich aufs Sofa, zog mich ganz dicht neben sich und legte einen Arm um mich. »So, Dirndl, was hast denn auf dem Herzen?«

Dieser freundlich gesprochene Satz ermunterte mich noch mehr, ihr endlich die Frage zu stellen, die mir schon seit Wochen auf der Seele brannte. »Warum hast du die Resi weggebracht?«

Diese unerwartete Frage schien ihr die Sprache zu verschlagen. Wie in Abwehr schlug sie sich beide Hände vor den Mund und schaute mich mit großen Augen an. Es dauerte einige Sekunden, bis sie sich wieder gefasst hatte. »Mei, Dirndl, dass du dich daran noch erinnerst? Deine Mutter denkt, das hättest du längst vergessen.«

»Wie soll ich das vergessen? Immer, wenn ich aufwache oder schlafen gehe, starrt mich das leere Bett an.«

»Du hast aber nie mehr nach deiner Schwester gefragt.«

»Warum sollte ich? Statt mir die Wahrheit zu sagen, hätte die Mutter doch nur mit mir geschimpft. Ach, Großmutter, ohne die Resi fühle ich mich so allein.«

»Ja, Dirndl, auch mir geht sie ab«, seufzte die alte Frau. »Aber du hast ja noch deine beiden kleinen Brüder.«

»Die können ja noch nicht sprechen. Mit der Resi aber konnte ich über alles reden.«

Irgendwie müssen meine Worte die Großmutter gerührt haben, denn plötzlich legte sie den Arm noch fester um mich, drückte mich an sich und flüsterte mit verschwörerischer Stimme: »Dirndl, ich werde dir alles erzählen. Aber du musst mir versprechen, dass du deiner Mutter kein Wörtl davon verrätst.«

Dieses Versprechen konnte ich der Großmutter leicht geben. Denn mit meiner Mutter redete ich kaum noch etwas, und über dieses Thema schon grad gar nicht. So erfuhr ich dann Folgendes: Tante Anna war um zehn Jahre älter als meine Mutter. Sie war erst ziemlich spät zum Heiraten gekommen und hatte nacheinander zwei Dirndln gekriegt. Die wären jetzt ebenso alt wie meine Schwester und ich, betonte die Großmutter. Innerhalb von einer Woche waren beide an Diphtherie gestorben. Das sei für meine Tante ein herber Schlag gewesen. Es grenze an ein Wunder, so drückte sich die Großmutter aus, dass die Anna überhaupt noch mal ein Kind bekommen hätte, den kleinen Otto. Der sei mittlerweile anderthalb Jahre alt.

»Darüber sollte sie doch sehr glücklich sein«, warf ich ein, weil ich wusste, wie viel unsere Buben meinen Eltern galten.

»Ja, schon. Sie hätte aber auch gern ein Dirndl gehabt«, erklärte mir die Großmutter. »Und weil deine Mutter Mitleid mit ihr hatte, hat sie ihr halt die Resi geschenkt.«

Das schien mir äußerst voreilig gehandelt zu sein, wie ich auch der Großmutter erklärte. Ich fügte hinzu: »Bei der Tante Anna kann doch auch noch ein Dirndl kommen.«

Wieder seufzte die alte Frau: »Nein, nein, der Zug ist endgültig abgefahren.«

Schon wieder war die Rede von diesem Zug, unter dem ich mir nichts vorstellen konnte. Mir fehlte aber der Mut, danach zu fragen, aus Angst, ich könne damit verraten, dass ich an der Küchentüre gelauscht hatte. Aber ehe mir eine andere, eine unverfängliche Frage einfiel, fuhr die Großmutter fort: »Außerdem, wenn sie jetzt ein kleines Dirndl bekäme, mit dem könnte sie nichts anfangen. Sie braucht doch eine Kindsmagd für den kleinen Buben. Dazu ist die Resi gerade im rechten Alter.«

Da waren wir wieder bei meinem eigentlichen Thema. »Ja, die Resi, was hat sie gesagt, als du sie einfach bei der Tante gelassen hast?«

»Anfangs hat sie ganz vergnügt mit ihrem kleinen Cousin gespielt, sodass wir beide dachten: Das passt schon. Nur ...« Die Großmutter stockte, und mir war in dem Moment, als ob mir ein dicker Knödel im Hals stecke. Trotzdem rang ich mir eine Frage ab: »Was *nur*?«

»Als ich gehen wollte ...« Der alten Frau fiel das Sprechen sichtlich schwer. Wahrscheinlich hatte sie ebenfalls einen Knödel im Hals.

Doch ich bohrte weiter: »Ich will es wissen, Großmutter, was war, als du gehen wolltest?«

»Ich wollte mich davonschleichen, damit die Resi nichts merkte. Aber sie muss was gespannt haben. An der Tür holte sie mich ein, packte mich bei der Hand und rief: ›Großmutter, nimm mich mit!‹ Statt meiner antwortete die Tante: ›Kind, das geht nicht, du bleibst jetzt hier. Du bist jetzt unser Kind. Du hast doch so schön mit dem Otto gespielt. Schau nur, wie traurig er ist, weil du wieder wegwillst.‹ Die Resi aber war nicht auf den Mund gefallen. ›Schau nur, wie traurig *ich* bin, wenn ich hierbleiben muss‹, bettelte sie weiter.« Trotz der traurigen Situation huschte der Großmutter ein Lächeln über die runzligen Züge.

»Wie ging es weiter?«, blieb ich beharrlich.

»Du weißt doch, dass ich ohne deine Schwester heimgekommen bin«, wich die Großmutter aus.

»Freilich weiß ich das. Jetzt will ich aber wissen, was die Resi gemacht hat, als du wirklich gegangen bist.«

»Diese Szene will ich dir lieber ersparen, Dirndl, um dich nicht traurig zu machen.«

»Wenn du es mir nicht sagst, bin ich noch viel trauriger«, erklärte ich ihr. »Ich stelle es mir nämlich sehr schlimm vor.«

Die Großmutter seufzte: »In Gottes Namen denn. Weil du gar keine Ruh gibst, will ich es dir sagen. Mit beiden Händen klammerte sich die Resi an meine Hand. Sie plärrte und schrie: ›Ich will mit! Großmutter, nimm mich mit, ich will nicht hierbleiben!‹ Da versuchte die Tante, das Kind mit einem Stück Schokolade von mir wegzulocken. ›Schau, Reserl, was ich hab! Ein Stück Schokolade für dich‹, sagte sie. ›Ich will keine Schokolade‹, rief das Dirndl verzweifelt. ›Ich will heim! Ich will zu meiner Mutter!‹ Daraufhin die Tante: ›Was willst denn bei der? Die hat dich doch hergeschenkt. Die will dich nicht mehr haben. Sei froh, dass du bei uns sein kannst. Du bist jetzt unser Kind und sollst es bei uns gut haben.‹ Sie näherte sich nun mit einer ganzen Rippe Schokolade. ›Schau, Dirndl, Schokolade! Eine ganze Rippe für dich allein.‹

Trotzig stampfte die Resi mit dem Fuß auf, schlug in Richtung Schokolade und rief: ›Geh weg mit deiner Rippe! Ich will heim! Ich will in mein Bett! Ich will zu meiner Ottilie!‹ Vor Schreck ließ die Anna die Schokolade fallen, packte das Kind mit beiden Händen und riss es von mir los. Ich aber verließ fluchtartig das Haus, nahm mein Wagerl und hastete davon. Nur weg, dachte ich, damit du die Klageschreie der Kleinen nicht mehr länger hören musst.« Als die Großmutter bis zu diesem Punkt gekommen war, versagte ihr die Stimme.

Ich selbst war auch nicht in der Lage, noch mehr zu hören. Hilfe suchend warf ich mich der alten Frau in die Arme und ließ meinen Tränen freien Lauf. Auch sie konnte ihre Tränen nicht zurückhalten. Staunend nahm ich zur Kenntnis, dass auch erwachsene Menschen weinen können.

Für diesen Abend beendeten wir das Gespräch. Wir waren wohl beide ziemlich aufgewühlt, als wir zu Bett gingen. Trotzdem schlief ich bald ein.

Es mochte vielleicht ein halbes Jahr vergangen sein, da ergab es sich wieder einmal, dass ich mit der Großmutter unter vier Augen reden konnte. Seit Langem beschäftigte mich folgende Frage: »Warum hast du die Resi nicht einfach wieder mitgenommen, als sie gar so geplärrt hat?«

»Ja, Dirndl, denkst du denn immer noch an diese Geschichte?«, staunte sie.

»Großmutter, glaub mir, die werde ich, solange ich lebe, nicht vergessen.«

»Ja, Ottilie, mein erster Gedanke war auch: Nimm sie halt wieder mit. Im selben Moment aber dachte ich: Das wird nichts nützen. Deine Mutter ist die Bäuerin, sie hat das Sagen auf dem Hof und in der Familie. Wenn die sich was in den Kopf gesetzt hat, muss es genau danach gehen. Am Vortag hatte ich schon versucht, es ihr auszureden. Damit war ich nicht weit gekommen.

Stell dir vor, ich hätte das Reserl wieder heimgebracht – was meinst, was ich da zu hören gekriegt hätte? Das hätte ich ja noch in Kauf genommen. Aber das arme Dirndl! Die Mutter hätte es am nächsten

Tag doch eigenhändig zum Hof ihrer Schwester zurückgebracht. Dann wäre der Schock für das Kind noch größer geworden. So hatte sie den Schmerz einmal hinter sich. Ich dachte, sie ist ja erst vier; sie wird sich in der neuen Heimat eingewöhnen und bald vergessen haben, woher sie eigentlich kommt.«

Mit dieser Erklärung war ich vorerst zufrieden.

Da ich den Eindruck hatte, dass es der Großmutter nicht unangenehm war, mit mir über dieses Thema zu reden, schnitt ich es in der Folgezeit immer wieder an, wenn ich mit ihr allein war. Heute vermute ich, dass es ihr sogar ausgesprochen guttat, sich das alles von der Seele zu reden. Sie hatte ja sonst niemanden, mit dem sie darüber sprechen konnte. Mit der Zeit kamen mir immer neue Fragen in den Sinn.

»Könnten wir die Resi nicht mal heimlich besuchen?«, schlug ich vor.

»Um Gottes willen, nein! Damit würden wir sie doch nur an den schmerzlichen Verlust von Familie und Heimat erinnern. Lass sie in Frieden.«

»Aber Großmutter, ich hab die Resi doch so gern. Und hier«, dabei deutete ich auf meine Herzgegend, »tut es so weh, wenn ich an sie denke und sie nicht sehen darf.«

»Ach, Kind, der Schmerz verliert sich auch einmal. Die Zeit heilt alle Wunden. Vielleicht kriegst du ja mal eine neue Schwester. Die wirst du dann auch bald gernhaben.«

»Aber die ist dann noch so klein, mit der kann ich nichts anfangen, und reden kann ich auch nicht mit ihr.«

Es dauerte einige Jahre, bis ich mir Gedanken darüber machte, welche Rolle eigentlich mein Vater bei der »Verschenkungsaktion« gespielt hatte. War er überrumpelt worden? Hatte er die Aktion gebilligt, oder war sie gar mit seinem Einverständnis geschehen?

Endlich bildete sich in mir die Überzeugung, dass er es vielleicht gar nicht bemerkt hatte, dass eine seiner Töchter fehlte. Denn er hatte ja nur Augen und Ohren für seine Buben, wie ich immer wieder beobachten konnte. Ich habe ihn nie danach gefragt. Und als ich seine Mutter, also meine Großmutter, danach hätte fragen mögen, war es zu spät. So unauffällig und still, wie sie gelebt hatte, war sie eines Nachts gestorben. Das war im Jahre 1929; ich war gerade mal neun Jahre alt. Wahrscheinlich war ich die Einzige, die wirklich um sie getrauert hat. Für mich war ihr Tod ein herber Verlust. Meine kleinen Geschwister bekamen es vielleicht noch nicht einmal mit, dass sie nicht mehr da war. Meinen Eltern ging sie vermutlich nicht sehr ab, weil sie schon seit zwei Jahren nichts mehr hatte arbeiten können.

## Kinderzeit

Das Haus, in dem wir wohnten, so hatte es mir meine Großmutter erzählt, war im Jahre 1867 von meinem Urgroßvater erbaut worden, also vom Großvater meines Vaters. Er hatte damit den Vorgängerbau ersetzt, der noch ganz aus Holz konstruiert worden war. Das alte Haus sei nicht mehr bewohnbar gewesen, so hatte man es ihr erzählt. Das Fundament hätte sich an einer Seite gesenkt, der Wind pfiff durch alle Ritzen, und durch das Schindeldach habe es an mehreren Stellen hereingeregnet. Das »neue« war nun ein recht solides Haus. Es hatte ein stabiles Fundament und war von unten bis oben aus Bruchsteinen gemauert. Darauf hatte man kräftige Balken gesetzt und diese mit handgefertigten Dachziegeln gedeckt. Wenn man durch die schön geschnitzte Eichentür eintrat, befand man sich in dem Gewölbehausgang. Der hatte die stattliche Breite von 3,40 Metern. Am Ende des Ganges befand sich wieder eine Tür, die war natürlich nicht so prächtig wie am Eingang. Durch diese Tür gelangte man in den Wirtschaftshof. Rechterhand befand sich die Küche, die ebenfalls mit einer Gewölbedecke abgeschlossen war. An die Küche schloss sich die Stube an, die eine Holzbalkendecke hatte, die angeblich mit Ochsenblut gestrichen war. Von der Stube führte eine Tür direkt in den Pferdestall. So war das bei allen Bauernhäusern; man lebte sehr dicht mit seinen treuen Arbeitstieren zusammen.

Wahrscheinlich, so vermute ich heute, hat man den Rossstall gleich an die Stube angeschlossen, damit es die wertvollen Pferde im Winter nicht so kalt hatten. Andererseits wurde es auch in der Stube nie zu kalt, weil ja der Rossstall den Wind abhielt. Die Altvordern wussten wirklich, wie man energiesparend baut. Da könnten sich die heutigen Architekten eine Scheibe abschneiden.

Über dem breiten Küchenherd, in dessen beiden Wasserschiffen stets warmes Wasser zur Verfügung stand, befand sich der große Rauchfang. Darin hatten viele Schinken, Würste und Speckseiten Platz. Die Wohnstube wurde von einem mächtigen Kachelofen beheizt, der von der Küche aus beschickt wurde. Einige Jahre war es meine Aufgabe gewesen, immer dafür zu sorgen, dass genügend Holz rechts von dem Feuerloch aufgeschichtet war; auf der linken Seite stand eine Kiste mit Anmachholz und Papier. Das Wasser holten wir im Hof aus einem Brunnen. Aber noch ehe ich alt genug war, um Wasser tragen zu müssen, gab es bei uns eine umwälzende Neuerung. Im Sommer des Jahres 1925 verlegte man vom Brunnen aus eine Leitung bis zum Spülbecken in der Küche. Es wurde ein Wasserhahn angebracht, aus dem man jederzeit frisches Wasser zapfen konnte. Das war eine enorme Erleichterung für die ganze Familie. Im Herbst gab es eine weitere umwälzende Neuerung: Wir bekamen elektrisches Licht. Vorbei war es mit Kerzen und Petroleumlampen, die immer eine Brandgefahr bedeutet hatten. Und zudem war es viel heller.

In meiner frühen Kindheit gab es zum Frühstück entweder eine Milchsuppe oder eine Rührmillisuppe. Erstere bestand nur aus heißer Milch, in die man Graubrot einbrockte. Eine Rührmillisuppe dagegen machte wesentlich mehr Arbeit. Zu gleichen Teilen Milch und Buttermilch wurden miteinander aufgekocht und dann mit Mehl angedickt. Diese Suppe war bei uns sehr beliebt. Weil sie einen größeren Arbeitsaufwand erforderte, stellte man davon immer gleich eine größere Menge her. Sie ließ sich nämlich in der kühlen Speisekammer, Speis genannt, gut mehrere Tage aufheben.

Beliebt war natürlich auch saure Milch, die man anderswo Dickmilch nennt. Mit etwas Zucker bestreut, löffelte man sie sonntags aus kleinen Schüsseln als Nachtisch. Die anderen Milchspeisen dagegen wurden in einer großen Schüssel in die Mitte des Tisches gestellt, und dann löffelten alle daraus: Vater, Mutter, Großmutter und die Kinder ab einem gewissen Alter – ja, auch Knechte und Mägde, von denen man in meiner Kindheit noch mehrere hatte. Da hieß es sich beeilen, sonst bekam man zu wenig ab.

War die Schüssel leer, wischte jeder seinen Löffel an dem leinenen Tischtuch ab und legte ihn in die Tischschublade unter seinem Essplatz. Es gab also anschließend nicht viel abzuspülen. Nur die Schüssel war auszuschwenken.

Diese Art von Frühstück wurde beibehalten bis nach dem Zweiten Weltkrieg. Im Krieg löffelten sogar die Kriegsgefangenen, die man uns zwangsweise als Arbeitskräfte zugewiesen hatte, mit uns aus einer Schüssel. Auch mittags aß man vor dem Krieg gemeinsam aus einem Topf. Da es meist eine Suppe gab, reichte dazu auch der Löffel. Das Tischtuch wurde jede Woche gewaschen. Das war's dann. Nach Kriegsende kam erst die Mode auf, dass man zum Frühstück Brotscheiben mit Butter und Marmelade aß und dazu Kaffee trank.

In einer solchen Tisch- und Arbeitsgemeinschaft war eine Haus- und Hofordnung dringend nötig und auch auf jedem Bauernhof vorhanden, sonst wäre kein friedliches Miteinander möglich gewesen.

Alle hielten sich daran. So musste der Rossknecht zum Beispiel, während alle anderen in der Küche beim Mittagsmahl saßen, den Rössern Futter in den Barn geben, damit diese zeitgleich mit den Menschen satt waren und am Nachmittag die schwere Arbeit wieder leisten konnten.

Im September 1926, ich war noch nicht ganz sechs Jahre alt, wurde ich eingeschult. Das fand ich ganz lustig. Nun war ich mit vielen gleichaltrigen Mädchen zusammen und vermisste meine Schwester nicht mehr gar zu sehr. Natürlich gab es auch Buben in der Klasse, aber die interessierten mich weniger. Mit den Mädchen konnte man in den Pausen so herrlich spielen, während ich daheim schon von klein auf den ganzen Tag eingespannt war – und wenn es auch nur die Tatsache war, dass ich auf meine Brüderchen aufpassen musste.

Eines Morgens, bevor ich meinen Schulweg antrat, gab die Mutter mir den Auftrag: »Geh zuerst zur Hebamme, und schick sie mir her.« Das befolgte ich brav.

Zu meiner Überraschung lag, als ich von der Schule kam, ein neues Kind in der Wiege, eine kleine Maria. Natürlich freute ich mich, dass ich wieder eine Schwester hatte. Aber Maria war nicht wirklich ein Ersatz für die Resi. Sie war noch so winzig, und es ließ sich mit ihr noch nichts anfangen. Ja, eigentlich bedeutete sie nur Mehrarbeit für mich. Denn nun hatte ich drei Kleinkinder hinter mir herzuziehen. Für mich blieb kaum die Zeit, meine Schulaufgaben zu machen.

Von da an gab mir die Mutter mit schöner Regelmäßigkeit einmal im Herbst vor dem Schulunterricht den Auftrag: »Geh zuerst zur Hebamme, und schick sie mir her.«

Und immer, wenn ich danach von der Schule nach Hause kam, war ein neuer Schreihals angekommen. Im Jahre 1926 war es die Maria gewesen, 1927 die Margret, 1928 die Katharina, 1929 die Elisabeth und 1930 die Anna. Daher glaubte ich viele Jahre lang, die Hebamme bringe die Kinder in ihrer großen braunen Tasche mit. Obwohl mit jedem neuen Dirndl meine Pflichten und meine Verantwortung wuchsen, liebte ich jedes Einzelne. Die Anna durften wir leider nur ein paar Wochen behalten, dann holte sie sich der liebe Gott zurück. Darüber war ich sehr traurig. Unserer Magd Gretl gelang es dann, mich zu trösten mit den Worten: »Nun habt ihr einen Engel im Himmel.«

Einige Wochen, nachdem wir die Anna begraben hatten, nahm mich meine Mutter mit in den Stall und versuchte, mir das Melken beizubringen. Da war ich gerade mal zehn. Anfangs war ich sehr stolz darauf, dass sie mir eine solche Aufgabe zutraute. Sie hatte eigens die bravste Kuh dafür ausgesucht. Dennoch musste ich meinen ganzen Mut zusammennehmen, mich unter das große braune Tier zu setzen, das ständig mit dem Schwanz hin- und herschlug. Mit meinen kleinen zarten Fingern ging ich zaghaft an die Sache heran.

»Du stellst dich aber ungeschickt an«, tadelte die Mutter. »Du musst fester zupacken.«

Das tat ich dann auch. Wie glücklich war ich, als der erste weiße Strahl in meinem Eimer landete!

Dann molk ich tapfer weiter. Bis ich meinen vollen Eimer der Mutter präsentieren konnte, hatte sie längst alle anderen Kühe gemolken. Aber von Tag zu Tag ging mir das Melken besser von der Hand. So bekam ich bald eine zweite Kuh zugeteilt. Nachdem ich beide Kühe gemolken hatte, jammerte ich: »Mutter, mir tun die Hände so weh.«

»Das macht nichts. Mit der Zeit vergeht das wieder.«

Von da an hatte ich jeden Abend drei Kühe zu melken, und es dauerte gar nicht lange, da musste ich das auch schon morgens vor dem Unterricht tun.

Im Jahre 1931, nachdem der November ohne Besonderheiten vorübergegangen war, rechnete ich jeden Tag damit, dass mich die Mutter wieder zur Hebamme schicken würde. Als das aber bis Weihnachten noch nicht geschehen war, atmete ich erleichtert auf. Denn mein Arbeitspensum langte mir wirklich. Ja, irgendwie freute ich mich, weil die Mutter anscheinend zu der Einsicht gelangt war, dass wir nun genug Kinder hatten.

Doch ich hatte mich zu früh gefreut. Es war 1933, wenige Wochen vor meiner Schulentlassung. Am frühen Nachmittag hatte ich mit meinen Brüdern und mit meiner Schwester Maria den Schulweg zurückgelegt, da stießen wir an der Haustür fast mit der Hebamme zusammen. Mit ihrer großen Tasche kam sie aus dem Haus gestürmt. Sie nahm sich aber noch die Zeit, uns zuzurufen: »Geht mal gleich in die Schlafkammer der Mutter! Ein neues Dirndl ist angekommen.«

Das kann doch gar nicht sein, dachte ich. Es ist Anfang Juli, die Haupterntezeit steht vor der Tür, da wird sich doch die Mutter nicht mit einem neuen Kind belasten wollen. Ja, und dann beschäftigte mich noch die Frage, wer die Hebamme benachrichtigt hatte. Für mich gab es nur eine Erklärung: Sie musste zufällig vorbeigekommen sein, mit einem Kind in der Tasche, das sie anderswo nicht losgeworden war.

Außer Atem kamen wir am Bett der Mutter an. Matt lächelnd deutete sie auf die blau gestrichene Wiege, die schon ziemlich mitgenommen aussah.

»Da, schaut euer Schwesterl an. Rosi heißt sie.«

Da lag tatsächlich ein kleines rosiges Wesen, das friedlich schlief. Bei seinem Anblick wurde ich sehr nachdenklich. Vielleicht war ja doch etwas an dem dran, worüber neulich einige Mitschülerinnen auf dem Pausenhof getuschelt hatten. Leider stand ich etwas zu weit weg, um alles mitzubekommen. Ich gehörte nämlich nicht zu diesem »ausgewählten« Kreis. Nur so viel hatte ich verstanden: dass bei der Liesl Müller zu Hause in der Nacht das sechste Kind angekommen war. Mitschülerin Irma hatte daraufhin die Wissende gespielt und gemeint, damit hätte sie gerechnet.

»Wieso das?«, bestürmten die anderen sie mit Fragen. Dann verstand ich etwas von Liesls Mutter und einem dicken Bauch.

»Was hat denn das damit zu tun?«, wollte die Liesl nun wissen.

Irma, ganz in ihrem Element, lachte sie aus: »Ja, weißt du nicht, dass die Kinder bei der Mutter im Bauch wachsen?«

Beschämt schüttelte die Liesl den Kopf, und ich schüttelte den meinen gleich mit.

»Und wie sollen sie da rauskommen?«, zeigte sich eine andere höchst interessiert. Da musste auch Irma passen. Man diskutierte, ob der Mutter vielleicht der Bauch aufgeschnitten werde wie bei dem Wolf im Märchen.

»Vielleicht ist es ja wie bei den Kühen, und das Kind kriecht bei der Mutter aus dem Arsch«, stellte eine zur Debatte.

Wie gesagt, ich gehörte nicht zu diesem Kreis, hatte aber lange Ohren gemacht. Das Gehörte konnte ich nicht recht glauben. Meine eigene Weisheit, dass die Hebamme die Kinder in ihrer Tasche mitbrachte, behielt ich für mich, denn ich glaubte selbst nicht mehr so richtig daran. Außerdem wollte ich nicht ausgelacht werden.

Nun aber, da bei uns ein neues Dirndl in der Wiege lag, zählte ich zwei und zwei zusammen. Das mit dem Bauch musste stimmen. Mir war nämlich seit einigen Wochen aufgefallen, dass die Mutter an Leibesumfang immer mehr zugenommen hatte. Auch kam es mir allmählich verdächtig vor, dass die Mutter immer dann über eine Woche im Bett liegen musste, wenn wieder ein Baby angekommen war.

Gewiss, als Kind, das auf einem Bauernhof aufgewachsen war, hatte ich schon öfter erlebt, auf welche Weise Kälber und Ferkel auf die Welt kamen. Auch bei unserem Hund und bei unseren Katzen hatte ich schon mitbekommen, wie sie Junge kriegen. Aber das waren doch Tiere! Nun sträubte sich in mir alles dagegen, anzunehmen, dass es bei den Menschen ebenso »tierisch« zugehen solle. Auch blieb noch die Frage offen, wie die Kinder in den Bauch der Mutter hineingelangten, wenn sie schon da herauskamen. Wieder drängte sich mir mein Wissen aus dem Tierreich auf: Die Kuh wurde vom Stier besprungen und die Sau vom Eber, damit es Nachwuchs gab. Sollte das bei den Menschen ähnlich sein? Nein! Diesen Gedanken wollte ich gar nicht zu Ende denken, so ungeheuerlich war er. Schade, dass meine Großmutter nicht mehr lebte, die hätte mir gewiss Antworten auf meine Fragen geben können.

Schon zwei Tage später ergab es sich, dass ich mit unserer neuen Magd – der Bärbel, die erst seit Lichtmess bei uns in Diensten stand – allein im Stall war, als bei einer Kuh das Kalben anfing. Weil uns die Gretl durch Heirat verloren gegangen war, hatte meine Mutter diese ältere Frau eingestellt. Es zeigte sich, dass sie, was das Kalben anging, nicht nur sehr erfahren war, sondern trotz ihrer fünfzig Jahre über eine erstaunliche Körperkraft verfügte. Sie wusste genau, was bei der Kuh zu tun war, und sie verstand es auch, mir mit wenigen Worten beizubringen, wo ich hinlangen musste.

Wir waren beide ganz stolz, dass wir es ohne Doktor oder ein anderes Mannsbild geschafft hatten, ein schönes gesundes Kuhkalb zur Welt zu holen. Von dieser erfahrenen Magd konnte ich bestimmt viel lernen. Daher wagte ich auch gleich eine Frage: »Sag mal, Bärbel, kommen die Menschenkinder auch beim Arsch raus?«

»Aber nein«, sie lachte. »Da würden sie ja voller Scheiße sein. Nein, nein, da gibt es einen

Extra-Ausgang. Geburtskanal nennt man den. Der liegt zwischen den Beinen der Mutter, genau zwischen dem Arschloch und dem Loch zum Pieseln.«

Diese präzise Antwort ermutigte mich zu einer weiteren Frage: »Und wie kommen die Kinder in den Bauch rein?«

Da erklärte sie mir, dass sie auch über den Geburtskanal, den man auch Scheide nenne, hineinkämen und welche Rolle dabei die Männer spielten.

Ich kam aus dem Staunen nicht mehr heraus. Also geht es bei den Menschen doch recht »tierisch« zu, dachte ich.

Sie erzählte mir auch noch etwas über monatliche Blutungen, die vier oder fünf Tage anhalten würden und dass sie völlig ungefährlich seien. »Du bist ja erst zwölf«, sagte sie. »Da hast du gewiss noch ein paar Jahre Zeit, bis die Tage bei dir anfangen.« Ab da aber solle ich mich vor jedem Mannsbild hüten, beschwor sie mich. Männer seien nämlich immer auf »das eine« aus, und hernach würden sie einen mit einem ledigen Kind sitzen lassen. Ihr sei es auch so ergangen. Sie habe ihr Kind in Pflege geben müssen, als Magd hätte sie es ja nicht bei sich behalten können. »Weißt, vorher versprechen sie einem die Heirat, damit sie ans Ziel kommen, und dann wollen sie davon nichts mehr wissen.« Dann gab sie mir noch einen guten Rat mit auf den Weg: »Lass dich also erst mit einem Mannsbild ein, wenn er vor dem Traualtar ja gesagt hat.«

Und da die Bärbel gerade in Plauderstimmung war, fragte ich sie, was es mit dem Zug auf sich habe, der abgefahren sei. Ja, man meine damit, dass die

Frau aus dem gebärfähigen Alter heraus sei. Wenn eine Frau nämlich auf die fünfzig zugehe, würden die Monatsblutungen wieder aufhören, und dann könne sie keine Kinder mehr kriegen.

So sah das also aus! Diese neuen und, wie mir schien, lebenswichtigen Erkenntnisse wollte ich meinen kleinen Schwestern rechtzeitig weitergeben, damit sie nicht so dumm aufwuchsen wie ich.

Da unsere kleine Anna schon so bald nach ihrer Geburt gestorben war, und Elisabeth, die bis dahin jüngste, mittlerweile vier Lenze zählte, freute ich mich richtig, wieder ein Neugeborenes bemuttern zu dürfen. Aber meine Mutter bestimmte es anders: Ich musste nun ihre ganze Stallarbeit übernehmen. Das bedeutete, dass ich schon vor dem Unterricht unsere sämtlichen Kühe zu melken hatte und am Abend wieder. Das waren damals zehn Stück. Zum Glück standen drei davon trocken. Die Milch musste ich durchseihen und die schweren Kannen in die Kühlkammer schleppen. Am nächsten Morgen brachten die Männer die Milchkannen dann an den Straßenrand, wo sie von einem Lastwagen abgeholt wurden. Auch musste ich alle Tiere füttern, wenn die Magd zu einer anderen Arbeit eingeteilt war. Nur ausmisten brauchte ich nicht, das war Männerarbeit. Zum Glück musste ich das Kochen nicht auch noch übernehmen. Das war die Aufgabe der Magd, solange die Mutter im Wochenbett lag. Am Nachmittag war es weiterhin meine Pflicht mich um die kleinen Schwestern zu kümmern.

Nachdem ich mich neun Tage lang mächtig geplagt hatte, verließ die Mutter das Wochenbett, und ich dachte, es würde nun leichter für mich. Meine Aufgabe, so glaubte ich, wäre es nun, das Neugeborene zu versorgen, wenn die Mutter wieder die Stallarbeit übernehmen werde. Aber weit gefehlt. Meine Aufgabe blieb der Stall, und die Mutter kümmerte sich selbst um die kleine Rosi.

Nach einer guten Woche wurde ich aus der Schule entlassen. Davon erhoffte ich mir eine wesentliche Erleichterung. Meine Mutter hatte aber schon andere Pläne mit mir. Sie hatte für mich einen Bauernhof ausgeguckt, auf dem ich schon am nächsten Tag als Magd anfangen musste.

»Und wer macht jetzt die Kindsmagd?«, war meine letzte besorgte Frage.

Aber auch darauf hatte die Mutter eine Antwort: »Mit ihren sechs Jahren ist die Maria jetzt alt genug, um nach den Kleinen zu schauen.«

Nun war ich also draußen. Mein Vater brachte mich zu einem Bauern, der nicht allzu weit entfernt wohnte. Mit diesem hatte er schon zu Lichtmess ausgemacht, dass ich bei ihm am ersten August anfangen würde.

Da die Getreideernte vor der Tür stand, wurde es gleich eine harte Zeit für mich. Um halb fünf musste ich aufstehen, und wenige Minuten später war ich bereits im Kuhstall beim Melken. Danach ging es hinaus aufs Feld. Mit der Sense mähte der Bauer das Getreide, und ich als Unterdirn hatte die Seile aus Stroh zu drehen. Auf diese legte die Oberdirn die langen Halme mit den Ähren und band sie zu Garben. Am Abend, völlig erschöpft, betrachteten wir nicht ohne Stolz unser Werk, die ordentlich zu

Häuschen aufgestellten Garben. So etwas Schönes gibt es ja heute nicht mehr, heute macht der Mähdrescher alles kurz und klein und spuckt das zu Ballen gepresste Stroh hinten aus.

Bei gutem Wetter war das Getreide bald trocken, wurde auf den Wagen geladen und in die Scheune gefahren. Das Dreschen war nicht unsere Aufgabe. Mein Bauer war bereits so fortschrittlich, dass er eine Lohndreschmaschine auf den Hof kommen ließ, die dann den ganzen Tag für ihn arbeitete. Wir anderen waren unterdessen aber nicht untätig. Es ging nämlich in die Kartoffelernte. Dabei war es Aufgabe der Frauen, in gebückter Haltung die Erdäpfel aufzulesen und nach Größe in Körbe zu sortieren. Jeden Abend dachte ich, das Kreuz bricht mir ab.

Dann wurde das Obst gepflückt. Das war zwar Männerarbeit, aber wir Weiberleut standen den ganzen Tag in der heißen Küche – der Herd lief auf Hochtouren –, um den ganzen Segen in Gläser einzukochen oder die Früchte zu schnitzeln, damit man sie im Backofen dörren konnte.

Im Winter wurde das Leben für uns alle etwas leichter. Man durfte bis sechs Uhr schlafen. Zu tun gab es aber immer noch genug, von der Früh bis zum späten Abend. Aber das war ich ja von zu Hause gewöhnt.

Am Lichtmesstag kam mein Vater überraschend auf den Hof und hieß mich, mein Bündel zu schnüren. Ohne mir vorher etwas davon zu sagen, hatte er mich einfach einem anderen Bauern versprochen. Dieser wohnte etwas weiter von mir zu Hause weg.

Warum nicht?, dachte ich. Aufmucken durfte man ja nicht, besonders als Mädchen.

Auf dem neuen Hof lief alles ähnlich wie bei meinem ersten Bauern. Sie schienen mit mir zufrieden, und ich war es auch mit ihnen. Aber nach einem Jahr hatte mein Vater schon wieder eine andere Stelle für mich.

Ehe ich weiter über meinen Lebensweg berichte, möchte ich noch ein Wort über die Gretl verlieren, die Magd, die bei meinen Eltern sieben Jahre gedient hatte und für uns Kinder die Seele des Hauses gewesen war. Wenn eines von uns Kindern Kummer hatte, sei es seelischer Kummer, seien es Bauchschmerzen, eine blutende Nase oder ein aufgeschlagenes Knie, dann sind wir zur Gretl gelaufen, nicht zur Mutter. Die Mutter, so muss ich ehrlicherweise zugeben, war eher eine gefühlskalte Person. Sie brachte es nicht fertig, einen zu trösten oder einem liebevoll über den Kopf zu streichen. Stattdessen schimpfte sie einen nur und gab uns noch eine Tracht Prügel zu allem Schmerz dazu. Die Gretl aber, die nahm einen tröstend in den Arm, sie blies über die wehe Stelle und sang dazu: »Heile, heile Segen, drei Tage Regen, drei Tage Sonnenschein, dann wird das Wehweh heile sein.«

Das konnte sie aber nur tun, wenn die Mutter nicht zugegen war. Die hätte sie ein »faules Luder« geschimpft und gesagt, dass man die Kinder nicht mit solchem Blödsinn verzärteln solle. Das hatte jedes von uns bald heraus. Deshalb suchten wir nur dann Trost bei unserer Magd, wenn die Mutter nicht in Sichtweite war.

Die Gretl wäre gewiss noch länger bei uns geblieben – denn meine Mutter war im Großen und Ganzen mit ihr zufrieden, und der Gretl gefiel es bei uns ebenfalls –, aber dann kam ihr die Liebe dazwischen.

Wo die Gretl ihn kennengelernt hat, weiß ich nicht, aber eines Tages hatte sie einen ernsthaften Verehrer. Er stammte aus einem Nachbardorf. Wenn unsere Magd ihren freien Nachmittag hatte, kam dieser Freund und holte sie ab. Das bekam auch unser Knecht mit, der Bertl. Es war im August 1929, die Weizenernte war in vollem Gange. Meine Aufgabe war es, jeden Morgen um halb neun und am Nachmittag um drei Uhr die Brotzeit ins Feld zu bringen. Am Mittag gab es eine sättigende Suppe, damit unsere Ernteleute bei Kräften blieben.

Eines Nachmittags, als ich mit der Kaffeekanne und dem Brot ankam, war mein Vater noch am Mähen. Die Magd und der Knecht waren aber schon damit beschäftigt, die ersten Garben aufzustellen. Dabei redete der Bertl fleißig auf die Gretl ein. Da sie mich gar nicht bemerkten, schnappte ich als Achtjährige Folgendes von dem Gespräch auf: »Der ist nichts für dich, Gretl, unmöglich! Bei dem verhungerst du. Wo der hintritt, wächst kein Gras mehr. Da verhungert dir die Kuh auch noch.«

Da fing die Gretl an zu weinen. Am Samstag drauf kam der Freund am Abend und wollte die Gretl zum Tanz abholen, sie stand aber noch nicht abholbereit im Hof. Da der Freund wusste, wo sie ihre Kammer hatte, nahm er die erstbeste Leiter, die er auf dem Hof fand, lehnte sie unter ihrem Fenster an und stieg hinauf. Oben klopfte er ans Fenster. Aber noch ehe sie es geöffnet hatte, stürzten unser Knecht und sein Freund hervor, die schon auf der Lauer gelegen hatten, nahmen zwei Stangen und schlugen auf den Wehrlosen ein, bis er von der Leiter fiel. Der Verliebte rappelte sich hoch, bestieg mühsam sein Fahrrad und ward auf unserem Hof nie mehr gesehen.

Trotz dieser Attacke blieb uns die tüchtige Magd nicht erhalten. Zunächst weinte sie sich fast die Augen aus, aber ein Jahr später hielt sie Hochzeit mit einem anderen. Soweit ich mitbekommen habe, war er ein Kleinbauer. Mit dem war sie jedenfalls besser bedient als mit einem Knecht. Also hatte die böse Tat des Bertl doch noch etwas Gutes an sich gehabt.

Nachdem ich bei dem zweiten Bauern ein Jahr gedient hatte, holte mich mein Vater wieder ab. Diesmal brachte er mich auf einen Hof nach Tacherting. Dort bestand meine Hauptaufgabe darin, mich um das Kind zu kümmern – ein nettes Dirndl von wenigen Wochen. Mit dem Aufziehen von Dirndln hatte ich ja reichlich Erfahrung.

Neben Kost und Logis bekam ich sogar fünf Mark im Monat. Da sich mir keine Gelegenheit bot, Geld auszugeben, sparte ich alles und schaute nach einem Jahr auf den stolzen Besitz von sechzig Mark!

Dann hieß es für mich schon wieder die Stelle wechseln. Diesmal kam ich zu meinem Onkel Anton, dem einzigen Bruder meines Vaters. Er bewirtschaftete ebenfalls einen Einödhof, und zwar den Hof, von dem seine Mutter stammte. Er hatte aber noch das Anwesen unserer Tante Ottilie, meiner Patin, dazugekauft. Das war aber nicht der Grund, warum ich Knall auf Fall zu ihm in Stellung gehen musste. Seine zweite Frau, die Johanna, hatte Zwillinge zur Welt gebracht. Mit diesen und dem großen Hof war sie überfordert. Deshalb brauchte sie eine erfahrene Kindsmagd. Nun hatte ich bisher nur Dirndln aufgezogen, aber mit den beiden Buben kam ich auch ganz gut zurecht.

Auf dem Hof meines Onkels hatte ich es nicht besser und nicht schlechter als ich es auf den fremden Höfen oder dem meiner Eltern gehabt hatte. Arbeiten musste man überall.

In all dieser Zeit musste ich immer wieder an meine Schwester Resi denken. Wie es ihr wohl gehen mochte? Ob sie wohl noch an uns und an ihr ehemaliges Zuhause dachte? Zu gern hätte ich sie mal besucht, um zu sehen, wie es ihr ging, und um ihr zu zeigen, dass ich sie nicht vergessen hatte. Aber abgesehen davon, dass ich sehr wenig Freizeit hatte, nur einmal im Monat einen freien Sonntagnachmittag, hätte ich auch nicht gewusst, wie ich dorthin gelangen sollte. Um zu Fuß zu gehen, war es zu weit, und ein Radl besaß ich seinerzeit noch nicht.

Es gab aber auch noch etwas anderes, das mich von einem Besuch im Hause meiner Tante abhielt. Es war etwas, das ich nicht hätte benennen können. Heute denke ich, es waren vielleicht die warnenden Worte meiner Großmutter, man solle das Kind in Frieden lassen und es nicht schmerzlich an den

Verlust von Heimat und Familie erinnern. Vielleicht steckte auch eine unbewusste Angst in mir, die Angst, sie werde sich gar nicht mehr an uns erinnern, werde mich als ihre große Schwester und Freundin nicht wiedererkennen. Das hätte mir gewiss sehr wehgetan.

Also unterließ ich jeden Versuch, sie aufzusuchen. Auch vonseiten Tante Annas unterblieb jede Art der Annäherung an unsere Familie. So weit ich zurückdenken konnte, war sie früher mindestens einmal im Jahr bei uns aufgetaucht. Aber seit meine Schwester bei ihr lebte, vermied sie jeden persönlichen Kontakt mit uns. Dass meine Mutter und ihre Schwester in brieflicher Verbindung standen, halte ich für unwahrscheinlich. Für ihre Zurückhaltung würde die Tante ihre Gründe haben, dachte ich.

## Ein Brief mit Folgen

Nach zwei Jahren holte mich der Vater wieder von Tante Johanna fort. Die Zwillinge seien nun aus dem Gröbsten heraus, sodass auch ein gerade aus der Schule entlassenes Dirndl mit ihnen zurechtkommen würde. Für mich gäbe es nun wichtigere Aufgaben. Er brachte mich zu einem großen Bauernhof, bei dem man von mir ein ziemlich selbstständiges Arbeiten verlangte. Immerhin durfte ich drei Jahre dort bleiben, dann musste ich wieder wandern. Das war zu Lichtmess 1940.

Inzwischen war der Krieg ausgebrochen. Von diesem bekam man bei uns zunächst nichts mit, außer dass die jungen Burschen eingezogen wurden und stattdessen polnische Kriegsgefangene zum Arbeiten auf die Höfe kamen. Jakob, der jüngere Sohn unseres Nachbarn, hatte ebenfalls einrücken müssen. Vorher war er jede Woche mal rübergekommen, um mit meinem Bauern und seinem alten Vater Karten zu spielen. Damit war es nun vorbei.

Doch als er nach einigen Monaten zum ersten Mal auf Heimaturlaub kam, ließ er sich wie gehabt zum Kartenspielen bei uns blicken. Beinahe hätte ich ihn nicht wiedererkannt, so fesch sah er aus. Die Uniform der Gebirgsjäger stand ihm ausgezeichnet. Trotzdem machte ich ihm keine schönen Augen, und er mir sowieso nicht. Als zweitgeborener Sohn musste er darauf achten, eine Hochzeiterin zu finden, bei der er einheiraten konnte. Und so etwas hatte ich ihm nicht zu bieten. Aber wir unterhielten uns gern miteinander. Etwa zwei Wochen, nachdem er wieder zu seiner Einheit zurückgekehrt war, legte mir mein Bauer beim Mittagsmahl einen Brief auf meinen Platz.

»Du, Ottilie, der ist für dich.«

Der will mich doch nur aufziehen dachte ich im ersten Moment. »Für mich?«, rief ich dann erstaunt aus, als ich meinen Namen darauf erblickte. Ich war total überrascht, denn ich hatte im ganzen Leben noch keinen Brief gekriegt. Eigentlich konnte er nur von zu Hause sein. Bei diesem Gedanken wurde es mir ganz mulmig. Der konnte doch nur eine Schreckensnachricht enthalten, denn warum sonst sollten sie schreiben?

Doch mein Bauer schmunzelte wohlgefällig. »Wie es scheint, hat unsere Ottilie einen heimlichen Verehrer.«

Alle starrten mich an. »Der muss aber schon sehr heimlich sein«, konterte ich. »Denn noch nicht mal ich weiß etwas davon.«

Ich schaute mir das Couvert genauer an. Darauf stand außer meinem Namen noch die Anschrift des Hofes, auf dem ich diente. Ich drehte den mysteriösen Brief um und las als Absender einen mir völlig fremden Männernamen. Dazu war eine Feldpostnummer angegeben.

»Los, mach ihn auf«, forderte die Bäuerin ungeduldig. »Wir wollen wissen, was dein heimlicher Verehrer schreibt.«

»Das täte euch gefallen«, lachte ich. »Noch nie etwas vom Briefgeheimnis gehört?« Alle lachten und griffen zu ihren Suppenlöffeln, ich auch, aber vor Aufregung brachte ich kaum einen Schluck herunter.

Nach dem Essen verschwand ich für ein paar Minuten in der Mägdekammer. Ich schlitzte den Umschlag auf und las klopfenden Herzens:

*Liebe Ottilie!*

*Gewiss bist du überrascht, von mir Post zu kriegen. Ich bin bei den Gebirgsjägern, genau wie Dein Nachbar, der Jakob. Er hat mir ein bisschen von Dir erzählt und mir Deine Adresse gegeben. Ich würde mich sehr freuen, wenn Du mir antwortest. Denn weißt, hier draußen ist man furchtbar einsam, trotz der vielen Kameraden. Da würde man sich freuen, wenn man ab und zu von einem lieben Mädel einen Gruß aus der Heimat kriegt.*

*Viele Grüße, unbekannterweise,
Andreas*

Ich weiß nicht, wie oft ich diese Zeilen gelesen habe. Es war unglaublich für mich, dass da ein fremder Mensch in einer Gebirgshütte an mich denkt und sich freuen würde, von mir zu hören. Es kann ja nicht schaden, wenn du dem armen Teufel eine Freude machst, redete ich mir schließlich ein. Zur Sicherheit sprach ich aber darüber noch mit meinem Bauern, der mir inzwischen ein väterlicher Freund geworden war.

»Da machst keinen Fehler, Dirndl«, bestärkte er mich in meinem Vorhaben.

Am Abend schrieb ich also einen Antwortbrief und brachte ihn anderntags eigenhändig zur Post.

Von nun an gingen Briefe hin und her. Immer mehr wussten wir uns zu erzählen, und bald schon hatte ich das Gefühl, als ob wir uns schon ewig kannten.

Eines Tages stand er dann vor mir. Statt in seinem Heimaturlaub gleich nach Hause zu fahren, machte Andreas den kleinen Umweg, um mich kennenzulernen. In seiner schmucken Uniform sah er noch besser aus, als ich ihn mir vorgestellt hatte. Was soll ich sagen? Er machte mir das Geständnis, dass er der Erbe eines stattlichen Einödhofes sei und dringend eine Bäuerin suche.

Bei seinem nächsten Heimaturlaub stellte er mich bereits seinen Eltern vor.

»Bub, was willst noch lange warten? Sie ist die Richtige. Heirate sie!«, empfahl die Mutter spontan.

Zunächst schauten wir beide uns verlegen an. Dann fragte er: »Ja, Ottilie, magst mich denn heiraten?«

Dabei schaute er mich so lieb an, dass ich spontan ausrief: »Ja, freili mog i!«

Als habe er nur auf dieses Stichwort gewartet, riss er mich in seine Arme und drückte mir, ungeniert, dass seine Mutter dabei war, ein Busserl auf den Mund.

»So, jetzt seid's verlobt«, war ihr Kommentar.

Sogleich kamen mir aber Bedenken. »Das mit dem Heiraten muss ja nicht gleich sein. Wir sollten damit warten, bis der Krieg vorbei ist.«

»Das kann noch lange dauern. Derweil bist eine alte Jungfer, wer will dich dann noch?«, sagte die Mutter auf ihre unverblümte Art. »Die Deppen da oben in der Regierung denken ja nicht dran, Schluss zu machen. Und die Dummen sind wir, die braven Bürger.«

»Pst, Mutter! Nicht so laut!« Warnend legte Andreas den Zeigefinger auf seinen Mund. »Wenn dich jemand hört! Das könnt' dich Kopf und Kragen kosten.«

»Ah geh!«, wehrte sie ab. »Sind doch nur unsere Leute im Haus.«

Außer ihrem Mann waren das eine Magd und ein junger Pole. »Heutzutage kann man keinem mehr trauen«, warnte der Sohn noch mal eindringlich.

Nachdem mein »Verlobter« wieder abgereist war, gingen erneut Briefe hin und her. In einem davon schlug er vor, wir sollten doch möglichst bald heiraten. Der Krieg könne sich wirklich noch lange hinziehen, und dann hätten wir nichts von unserer Jugend gehabt. Der nachfolgende Satz stimmte mich dann sehr traurig: *Wenn ich auch bei den Gebirgsjägern bin, und wenn es bei uns auch nicht so gefährlich ist wie an der russischen oder der französischen Front, so kann es doch sein, dass mich mal eine Kugel erwischt und ich das Kriegsende nicht mehr erlebe.*

Der Satz, der diesem folgte, bestimmte mich dazu, von mir aus auf eine baldige Heirat zu drängen: *Ehe ich für Volk und Vaterland sterbe, will ich wenigstens einmal das süße Gefühl erlebt haben, mit dem schönsten Mädchen der Welt im Arm am Abend einzuschlafen und am nächsten Morgen mit ihm aufzuwachen.*

Die Hochzeit fand dann Anfang Dezember 1944 statt. Nach einer großen Feier und viel Pomp stand uns in diesen Tagen nicht der Sinn – abgesehen davon, dass auch nicht viel Geld vorhanden war. Denn da Andreas, der Jungbauer, schon über vier Jahre abwesend war, warf der Hof nicht so viel ab wie in normalen Zeiten. Mit dem Radl – mittlerweile hatte ich mir von meinem Ersparten eines gekauft – fuhren wir nach Altötting. In der Gnadenkapelle wurden wir getraut, ohne Gäste, nur mit dem Mesner und der Pfarrersköchin als Trauzeugen.

Bei meinem Bauern hatte ich rechtzeitig gekündigt, sodass ich nach der Trauung direkt in das

Heimatanwesen meines Mannes ziehen konnte. Vierzehn glückliche Tage verlebten wir miteinander, obwohl wir in dieser Zeit auf dem Hof auch fleißig arbeiten mussten. Dann hieß es wieder Abschied nehmen.

Meine Schwiegermutter war glücklich, eine junge kräftige Weibsperson im Haus zu haben, der sie die Verantwortung für den Haushalt in die Hände legen konnte. Wie bang aber sahen wir jedem Brief vom Andreas entgegen, wie bang verfolgten wir die Meldungen im Radio, wie bang suchten wir die Gefallenen-Listen in der Zeitung durch, um am Ende immer erleichtert aufatmen zu können. Aber nie für lange, dann ergriff die Sorge erneut von uns Besitz.

# Toni erzählt

## Auf dem Hof der Vorväter

Der Hof, auf dem ich am 22. Februar 1925 das Licht der Welt erblickte, ist schon seit 1655 im Besitz meiner Familie. Immer hat es einen männlichen Erben gegeben. Daher ist Edelhofer nicht nur unser Familienname, sondern auch der Name des Hofes. Viele Nachbarhöfe dagegen haben den Besitzer mehrfach gewechselt oder sind auf die weibliche Linie übergegangen. So kommt es, dass die meisten der derzeitigen Bewohner andere Namen tragen als ihre Höfe. Der Besitzer kann nämlich wechseln, der Hofname aber bleibt.

So weit ich zurückdenken kann, habe ich mich für Pferde interessiert. Ja, eher schon. Kaum dass ich laufen konnte, erinnerte sich mein Vater, sei ich unserem Knecht, wenn er mit den Pferden arbeitete, nicht von der Seite gewichen. Ich selbst sehe mich als Fünfjährigen hinter ihm herstapfen, wenn er das Pferd vor den Pflug spannte und es seine Furchen zog. Ob er beim Heumachen war oder beim Holzfahren, ob bei der Getreideernte oder beim Kartoffeln-Einbringen, immer folgte ich ihm wie ein Schatten. Auch im Stall war ich häufig zugegen, wo ich ihm beim Füttern und Tränken half. Er zeigte große

Geduld mit mir, denn anfangs war ich gewiss eher hinderlich, als dass ich ihm eine Hilfe gewesen wäre.

Während sich die Schlafkammern für die Familie und die einzige Magd, die wir noch hatten, im Wohnhaus befanden, nächtigte unser einziger Knecht in einem Verschlag, den man in einer Ecke des Pferdestalles für ihn errichtet hatte. Als Bub war ich der Meinung, das müsse so sein, damit er auch des Nachts ein Auge auf die Pferde haben könne, und darum beneidete ich ihn.

Erst wesentlich später begriff ich, dass dies eine Vorsichtsmaßnahme meiner Eltern war. Indem man den Knecht außerhalb der Wohnung unterbrachte, wollte man verhindern, dass er in der Nacht den Mägden bzw. den Töchtern des Hauses zu nahe treten konnte.

Das hinderte den Knecht aber nicht daran, trotzdem ein Liebesleben zu haben. Im Schutze der Dunkelheit schlich er sich oft am Samstagabend davon, um bei fremden Mägden das beliebte Kammerfensterln zu praktizieren. Das wurde uns aber erst klar, als ihm eines späten Abends mein Bruder heimlich folgte. Dabei entdeckte er aber nicht nur, dass unser Knecht fensterlte, sondern dass auch noch eine ganze Reihe anderer Knechte diesen »Sport« betrieb. Aus Eifersucht kam es dabei auch zu der einen oder anderen Rauferei.

An eine andere Geschichte erinnere ich mich deshalb so lebhaft, weil deren glücklicher Ausgang auf den 13. Juni fiel, das Fest des heiligen Antonius, also meinen Namenstag. Bei uns war der Namenstag von Bedeutung, der Geburtstag dagegen war völlig unwichtig. Zu der Zeit war ich knapp viereinhalb Jahre alt. In unserem Hof wurde tagelang fleißig gebuddelt. Mein Vater war dabei, der Knecht Bertl, die Dirn Gretl sowie der Maurer Kammhuber. Mit Pickeln und Schaufeln machten sie sich fleißig am Erdboden zu schaffen. Jeden Tag wurde das Loch ein bisschen tiefer, breiter und länger, bis es – für meine Begriffe – riesige Ausmaße hatte. Es war mir streng untersagt, mich zu nah an den Rand der Grube zu begeben, damit ich nicht hineinfiel. Daran hielt ich mich auch gewissenhaft. Weil aber von einer respektvollen Entfernung aus so gut wie nichts mehr zu sehen war, nachdem die Arbeiter eine gewisse Tiefe erreicht hatten, wurde es mir langweilig. Also musste ich mich nach etwas anderem umsehen, das meinen Geist und meine Hände beschäftigte.

In einigem Abstand zur Grube waren große schwere Papiersäcke gelagert, die mein Interesse erregten. An einer Ecke begann ich, einen zu bearbeiten, und hatte bald ein genügend großes Loch hineingerissen. Zu meiner Freude rieselte ein graues Pulver heraus. Also lief ich in die Scheune und kam mit einem kleinen Eimer zurück. Mit bloßen Händen schaufelte ich von dem Zeug hinein. Dann streute ich es in weitem Bogen über das angrenzende Feld, so wie ich das beim Bertl beobachtet hatte. Gerade als ich mein Eimerchen nachfüllen wollte, erwischte mich der Vater. Er schimpfte mächtig. Treuherzig erklärte ich ihm: »Ich wollte doch nur ein bisschen Kunstdünger streuen.«

Lautstark erklärte mir mein Vater: »Das ist kein Kunstdünger, das ist Zement! Den darf man nicht aufs Feld streuen, der verdirbt ja das Feld – davon gehen ja die Pflanzen kaputt. Außerdem hat er viel Geld gekostet. Den brauchen wir, um Beton zu machen. Damit wollen wir unsere neue Odelgrube, (Jauchegrube), ausbetonieren.«

Enttäuscht zog ich mit meinem leeren Eimerchen ab und schaute mich nach etwas anderem um, das sich streuen lassen könnte. In der Scheune entdeckte ich einen Sack, der bereits offen war. Er enthielt kleine Körner, also konnte es kein Zement sein. Wieder schaufelte ich mit der Hand eifrig davon in meinen Behälter und begab mich auf den Hof. Voller Freude »säte« ich dort die Körner in weitem Bogen, wie ich das ebenfalls dem Bertl abgeschaut hatte. Plötzlich fühlte ich die Hand meines Vaters im Genick.

»Du Teufelsbub«, schrie er. »Ich habe dir doch gesagt, dass du von dem teuren Zement nichts nehmen darfst!«

Tief von meiner Unschuld überzeugt hielt ich ihm mein Eimerchen hin. »Da, schau, ich hab gar keinen Zement.«

Er warf einen Blick auf den spärlichen Rest in meinem Eimer, griff hinein, bewegte eine kleine Probe davon zwischen den Fingern und fragte mit einem Blick, der nichts Gutes verhieß: »Wo hast du denn das schon wieder her?«

Ich erklärte es ihm. Da wurde er erst richtig wütend. »Weißt du, was das ist? Kleesamen ist das. Wertvoller Kleesamen! Und du Depp streust ihn einfach auf den Hof.«

Er gab mir die Belehrung, dass ich nichts, *absolut* nichts, das ich auf dem Hof oder in der Scheune finde, eigenmächtig ausstreuen dürfe. Damit ich mir das besser einprägen könne, versohlte er mir noch mächtig den Hintern.

Am Freitag, dem elften Juni, konnte der Beton endlich gemischt werden. Das geschah noch alles von Hand. Interessiert schaute ich zu, wie unsere vier Bauleute Zement mit Wasser und Sand mischten, indem sie, jeder mit einer Schaufel bewaffnet, abwechselnd die Masse immer wieder vom Rand her nach innen warfen. Vorher hatten sie die Erdwände der Grube mit Brettern verschalt. Als ihrer Meinung nach der Brei die richtige Konsistenz hatte, füllten sie diesen zügig zwischen die Bretter und die Lehmwände. Am folgenden Tag stellte unser Maurer fest, dass der Beton gut abgebunden hatte. Also war die Freude bei allen Beteiligten groß.

Zur Belohnung dafür, dass ich mich in den letzten Tagen »unauffällig« verhalten hatte und weil der nächste Tag ein Sonntag und mein Namenstag war, durfte ich mit der Mutter in die Kirche gehen. Sie hatte einen geheimnisvollen Korb dabei, den ließ sie vom Herrn Pfarrer segnen. Zu Hause deckte sie ihn auf. Da waren lauter Brezn drin. Diese durfte ich – weil das Werk so gut geglückt war – an alle Bauleute und Familienmitglieder verteilen. Ich bekam selbstverständlich auch eine. Mei, war die gut! Sie war die erste Brezn meines Lebens, wenn ich mich recht entsinne.

Ich muss wohl ein schlimmer Bub gewesen sein, der immer wieder etwas angestellt hat. Was das im Einzelnen war, weiß ich nicht mehr. Dass mir aber ab und zu der Allerwerteste mächtig versohlt wurde, daran erinnere ich mich noch gut. Eines dieser Ereignisse habe ich allerdings nicht vergessen. Es hat mit meiner Vorliebe für Pferde zu tun.

Üppige Weihnachtsgeschenke hat es bei uns nie gegeben. Ein paar Platzerl und Lebkuchen, einen rotbackigen Apfel und ein paar Nüsse von den eigenen Bäumen, das war meist alles. Wenn es hochkam, lag auch mal etwas Gestricktes unterm Baum, eine Mütze, ein Schal oder ein Paar Fäustlinge. Dennoch freute man sich unbändig auf das Fest. Es war eben etwas Besonderes, so heimelig. Allein schon die geheimnisvollen Gerüche, die tagelang vorher das Haus durchwehten, der geschmückte Baum, die leuchtenden Kerzen, der Gang zur Mette durch kniehohen Schnee.

Der Heilige Abend 1932 aber war anders als sonst. Zu der Zeit war ich sieben Jahre alt. Als meine Geschwister und ich zur Stunde der Bescherung in die Stube stürmten, entdeckte ich es gleich: ein Schaukelpferd! So etwas hatte ich noch nie in echt gesehen, ein Schaukelpferd kannte ich nur aus einem alten zerfledderten Kinderbuch. Schon lange hatte ich mir ein solches gewünscht und diesen Wunsch auch von Zeit zu Zeit laut geäußert. Aber nie im Traum hätte ich daran gedacht, dass er wirklich mal in Erfüllung gehen würde. Nun stand es also vor dem Weihnachtsbaum, ein richtig schönes, großes Ross auf Kufen. Fachkundig stellte ich fest: ein Fuchs, denn es war braun angestrichen, mit einer Blesse auf der Nase. Rechts und links vom Kopf befand sich je ein Griff, an dem man sich festhalten konnte. Und einen Schwanz hatte es auch, einen richtig schönen aus echtem Rosshaar! Sofort wollte ich mich auf das Pferd stürzen.

Da bremste mich mein Vater: »Halt, Toni! Nicht so schnell! Das Christkind hat das Schaukelpferd für euch alle gebracht. Jeder darf mal darauf reiten. Und zwar schön dem Alter nach, zuerst also die Ottilie, danach der Sepp, und dann bist du schon an der Reihe.«

Ich zappelte vor Ungeduld. Ottilie, meine große Schwester, bereits zwölf Jahre alt, war mit dem Ross schnell fertig. Sie zog es mehr zu ihrer alten zauseligen Puppe, die zu Weihnachten mal wieder ein neues Kleid bekommen hatte. Mein Bruder aber, der Sepp, der zwei Jahre älter war als ich, wollte mit dem Reiten gar nicht mehr aufhören. Deshalb beschwerte ich mich beim Vater. Der griff nun ein: »Sepp, nun lass deinen Bruder auch mal reiten. Später kommst ja wieder dran.«

»Das dauert aber lang«, maulte der Reiter, denn die jüngeren Schwestern hatten bereits ihre Ansprüche angemeldet.

Endlich konnte ich also aufsitzen. Mein Herz hüpfte vor Freude, als ich mich auf das hölzerne Ross schwang. Sogleich galoppierte ich los. Immer schneller, immer höher, immer wilder. Ich befand mich wie in einem Rausch. Plötzlich aber – ich weiß nicht, wie mir geschah – flog ich kopfüber in den Christbaum. Die Kugeln splitterten, der Baum wankte, und die wenigen Kerzen, die durch meine unsanfte Landung nicht gleich verlöscht waren, züngelten begehrlich nach den Zweigen.

Geistesgegenwärtig blies meine Mutter sie aus. Ich selbst zappelte und schrie vor Schreck, bis mich mein Vater herausfischte. Mein Gesicht und die Hände waren zerkratzt, und meine kleinen Schwestern, die zunächst vor Schreck erstarrt waren und dem Schauspiel lautlos zugesehen hatten, zeigten auf einmal mit den Fingern auf mich.

»Der sieht ja aus wie ein Christbaum«, rief die sechsjährige Maria.

»Ja, überall hat er Lametta«, bekräftigte die Margret.

Nachdem der Vater sich vom ersten Schreck erholt hatte, schimpfte er lauthals und erteilte mir Reitverbot. Zum Glück nur für diesen Abend.

»Das war auch kein guter Platz zum Schaukeln«, meinte die Mutter und schaffte das Ross mit meinem Bruder in die Küche. Ich mochte gar nicht zuschauen, wie die anderen abwechselnd auf dem Schaukelpferd saßen, und begab mich vorzeitig ins Bett.

## Die Schulzeit

Seit September besuchte ich bereits die erste Klasse der Volksschule. In meinem Jahrgang waren wir zehn Buben und zehn Dirndln. Meist war das so, dass es zehn Jungen und zehn Madln waren, die gleichzeitig eingeschult wurden. Von 1891 bis 1900 seien es aber meist jeweils zwölf Kinder gewesen, erzählte mir mein Vater. Da wir von der ersten bis zur dritten Klasse gemeinsam in einem Raum unterrichtet wurden, hatte die Lehrerin meist um die sechzig Kinder vor sich sitzen. Die Schüler von der vierten bis zur siebten Klasse wurden von einem Lehrer unterrichtet, also meist achtzig Schüler gleichzeitig. Es war nicht üblich, dass man nach der vierten Klasse aufs Gymnasium ging. Allerdings kam es vereinzelt vor, dass Eltern einen ihrer Söhne in eine Klosterschule gaben, in der Hoffnung, dass ein Priester aus ihm werde.

Unsere Lehrerin war sehr nett. Als ich in der zweiten Klasse war, machte sie mit uns eine Wanderung zum Grumbach. Einer ihrer Aussprüche von damals ist mir noch heute lebhaft in Erinnerung: »Schaut Kinder, der Bach ist noch so jung und muss schon eine Mühle treiben.«

In den unteren Klassen hatten wir immer von acht bis elf Uhr Unterricht, danach eine Stunde Mittagspause. In dieser konnten nur die wenigen Kinder, die direkt im Dorf wohnten, zum Essen nach Hause gehen. Für uns Kinder von den Einödhöfen oder vom Dorfrand hätte das nicht gelohnt, die meisten von uns brauchten ja über eine halbe Stunde allein für den Heimweg. Einige bekamen von ihren Müttern ein Fünferl mit, für das sie beim Bäcker zwei Brezn kaufen konnten, zwei Semmeln oder eine Tüte Waffelbruch. Das war etwas ganz Besonderes. Einmal habe ich mir auch so eine Tüte geleistet.

Normalerweise aber bekam ich ein Pausenbrot mit, aus Roggenmehl gebacken und mit Butter bestrichen. Manchmal blieb mir aber noch nicht mal die Zeit, es zu essen, denn meine Freunde und ich hatten Wichtigeres vor. Entweder gingen wir zum nahe gelegenen Bach, um zu angeln, oder wir versuchten, im Moos Fische mit der bloßen Hand zu fangen.

Ab und zu war es auch vorgekommen, dass es in der Nähe gebrannt hat, da mussten wir natürlich hinrennen. Einmal war es ein halbleerer Heustadl, der brannte, weil Kinder darin gezündelt hatten. Mal brannte eine Scheune ab, weil ein Knecht leichtsinnigerweise darin geraucht hatte. Sie war bis obenhin voller Stroh gewesen, und es loderte wie Zunder. Ein anderes Mal aber war es eine Scheune, in der viel Stroh und Heu gelagert war, was nun in hellen Flammen stand. Später erfuhr ich, dass ein Knecht, der auf Arbeitssuche war, die Scheune aus Rache angezündet hatte, weil der Bauer ihn nicht einstellen wollte. Diese Brände waren natürlich ein beeindruckendes Schauspiel für uns Kinder, die ja sonst kaum etwas erlebten. Unsere Lehrer schimpften auch nicht, wenn wir dadurch mit etwas Verspätung aus der Mittagspause zurückkehrten.

Als ich bereits in der sechsten Klasse war, erlebten wir, dass ein ganzer Bauernhof niederbrannte. Wie sich nach einiger Zeit herausstellte, hatte der Jungbauer den Hof seiner Eltern angezündet, weil ihm der Sinn nach einem Neubau stand. Nach vier Tagen wurde er verhaftet. Viereinhalb Jahre Gefängnis bekam er aufgebrummt, mit Ehrverlust.

Letzteres hätte es ihm erspart, in den Krieg ziehen zu müssen. Aber was tat der Depp? Nachdem er seine Zeit fast abgesessen hatte, brach der Zweite Weltkrieg aus. Man legte dem Jungbauern ein Formular vor und erklärte ihm, wenn er das unterschreibe, werde der Ehrverlust wieder aufgehoben. Er unterschrieb, und schon wurde er an die Front geschickt. Bei alldem aber hatte er noch Glück. Gegen Ende des Krieges geriet er, nur leicht verwundet, in amerikanische Kriegsgefangenschaft. Man verfrachtete ihn in die Vereinigten Staaten, wo es ihm nicht schlecht ergangen sein soll. Er konnte dort eine Maurerlehre absolvieren, mit Gesellenprüfung und allem Drum und Dran. Nach seiner Rückkehr in die Heimat hängte er noch die Meisterprüfung an. So hatte er einen guten Beruf, der ihn ernährte. Seine Eltern hatten nämlich mittlerweile den Hof wieder aufgebaut und ihn ihrer Tochter übergeben. Kurioserweise hieß er Brandsteiner. Deshalb tratzten ihn seine alten Freunde: »Du hast den falschen Namen, du müsstest eigentlich Brandstifter heißen!«

In meinen ersten vier Schuljahren tat ich mich mit dem Lernen ziemlich schwer. Danach aber ging es aufwärts. Ab der fünften Klasse machte mir das Lernen auf einmal richtig Spaß, und der Lehrer lobte mich oft. Weil unsere ganze Klasse recht gut war, unternahm der Lehrer zweimal mit uns einen Ausflug. Einmal ging es für drei Tage nach Berchtesgaden und einmal für zwei Tage nach München, wo wir den Tierpark besuchten und das Deutsche Museum besichtigten. Das war immer ein Ereignis! Übernachtet wurde jeweils in der Jugendherberge. Auch das war ein großartiges Erlebnis für uns Buben vom Lande. Für die Fahrt nach München, erinnere ich mich, musste jeder Schüler sieben

Reichsmark bezahlen, einschließlich der Eintrittsgelder. Dieses Geld mussten wir vorher fünferlweise zusammensparen, weil die Eltern niemals Geld hatten oder keines hergeben wollten. Das benötigte Geld musste man sich vorher redlich verdienen, indem man bei anderen Bauern half.

Die Heuernte war eine Zeit, in der man sich ganz schön was verdienen konnte. Zunächst durfte ich dabei helfen, das Heu, sobald es trocken genug war, zu langen Reihen – die man Schwab nannte – zusammenzurechen. So ließ es sich später leichter aufladen. Normalerweise stand eine Magd auf dem Leiterwagen, um das Heu ordentlich zu schichten, das ihr vom Bauern und vom Knecht – der eine rechts vom Wagen, der andere links – per Heugabel hochgereicht wurde. Meine Aufgabe war es dann, die Halme, die dabei herunterfielen, mit dem Rechen zu kleinen Haufen zusammenzuschieben, damit man sie ebenfalls aufladen konnte. Jeder Halm war kostbar, er war wertvolles Viehfutter. Das konnte man nicht einfach umkommen lassen.

Meine Lieblingsaufgabe durfte ich übernehmen, als ich schon etwas älter war: die Rösser führen. Das war eine sehr verantwortungsvolle Tätigkeit. Dafür brauchte man das richtige Fingerspitzengefühl. Dass ich dieses besaß, und dass man das erkannt hatte, erfüllte mich mit Stolz. Die Kunst bestand darin, die Rösser am Halfter zu führen und ihnen im richtigen Moment die Befehle »Heh!« und »Hüh!« zu geben, damit sie stehen blieben oder weitergingen. Wenn man das nicht gewissenhaft machte, würde die Magd vom Wagen fallen und sich möglicherweise schwer verletzen.

Bei der Getreideernte gab es natürlich auch Arbeit für mich, aber meist zu Hause. Nachdem das Getreide gedroschen und eingefahren war, lagen noch genügend volle Ähren auf den Feldern herum. Diese wurden aber nicht von uns per Hand aufgesammelt, wie das andernorts üblich war, sondern von unseren drei Zuchtsauen. Es war abwechselnd meine Aufgabe und die Aufgabe meines Bruders, die Sauen auf die Felder zu treiben. Diese besorgten das Geschäft gründlicher, als ein Mensch das vermocht hätte. Allerdings musste ihnen das Wetter passen. Wenn die Sonne heiß vom Himmel brannte, verzichteten sie auf Nahrungssuche und legten sich lieber auf ein schattiges Plätzchen oder zogen sich sogar freiwillig in den Stall zurück. Die Sauen waren also vernünftiger als manch ein Mensch. Es gibt genügend Leute, die legen sich, ohne Rücksicht auf ihre Gesundheit zu nehmen, in die pralle Sonne und riskieren Sonnenbrand, Hitzschlag oder sogar Hautkrebs. Nein, da waren unsere Schweine schon gescheiter. Wenn sie sich aber über die Ähren hermachten, musste man aufpassen wie ein Luchs, denn sie hätten die Grenzen zum Nachbarn nicht beachtet.

Unsere Kühe – um 1930 standen bei uns zehn Milchkühe im Stall – brauchte man normalerweise nicht zu hüten. Im Sommer befanden sie sich auf Weiden, die mit Stacheldraht eingezäunt waren. Wenn aber das dritte Mal Gras auf den frei liegenden Wiesen geschnitten war, trieb man die Kühe dorthin. Selbst im Herbst wuchs dort noch immer genug nach. Da es sich jedoch nicht lohnte, diese Wiesen für ein paar Tage einzuzäunen, mussten die Tiere dort gehütet werden. Das war eine Aufgabe, die mein Bruder und ich abwechselnd übernehmen mussten.

Es gab auch noch viele andere Arbeiten, mit denen man sich etwas verdienen konnte. Zum Glück hatte der Lehrer die Ausflüge jeweils lange genug vorher angekündigt, sodass man darauf zusparen konnte.

Durch diese Ausflüge habe ich meine Schulzeit im Großen und Ganzen in angenehmer Erinnerung. Allerdings gibt es auch einige unangenehme Erinnerungen. Manchmal brachte unser Lehrer einen kleinen braunen Kasten mit, den er »Radio« nannte. Als er den das erste Mal vor uns aufbaute, beobachteten wir das mit größtem Interesse. Der Lehrer drehte an einigen Knöpfen, und der Apparat gab surrende, knackende Laute von sich. Endlich konnte man dann eine Stimme erkennen.

»Unser Führer spricht zu seinem Volk«, erklärte uns der Lehrer. Das war für uns Schüler stinklangweilig. Da war das Surren und Knacken des Apparates von vorher wirklich noch interessanter gewesen. Von da an mussten wir uns im Unterricht immer wieder das Geplärre von Hitler anhören.

In diesem Zusammenhang fällt mir eine weitere unangenehme Begebenheit aus meiner Schulzeit ein. Es war im Frühjahr 1935, ich war Schüler der fünften Klassen, als mitten im Unterricht die Tür aufgerissen wurde. Zwei Männer in der typischen braunen Nazi-Uniform marschierten rein, hoben die rechte Hand und schnarrten: »Heil Hitler!«

Wir Kinder, bereits durch unseren Lehrer abgerichtet, sprangen auf, erhoben ebenfalls die rechte Hand und erwiderten den Hitlergruß im Chor. Dann bedeutete uns der Lehrer durch Handzeichen, uns wieder zu setzen. Mucksmäuschenstill war es im Raum. Mit größter Aufmerksamkeit verfolgten wir das Geschehen im vorderen Teil des Klassenzimmers. Unser Lehrer wirkte genauso überrumpelt wie wir. Auch er beobachtete gebannt, was sich vorn abspielte. Einer der Uniformierten ergriff den Stuhl, der hinter dem Lehrerpult stand, und stellte ihn direkt unter das Kreuz. Der andere stieg auf den Stuhl, hängte das Kreuz ab, reichte es seinem Kollegen und sprang wieder herunter. Dann schlugen die beiden Braunen die Hacken zusammen, rissen ihre rechte Hand hoch und brüllten erneut ihren Hitlergruß.

Sie waren mitsamt dem Kreuz verschwunden, noch ehe wir uns erheben konnten, um den Gruß zu erwidern. Obwohl wir noch Kinder waren, zwischen zehn und dreizehn Jahren alt, empfanden wir das soeben Gesehene als ungeheuerlich. Am liebsten hätten wir uns darüber untereinander oder mit unserem Lehrer unterhalten. Dieser aber wirkte ebenso entsetzt wie wir, gebot uns Ruhe. Da sich keiner von uns auf die Rechenaufgaben konzentrieren konnte, ließ er uns die Lesebücher herausnehmen. Von dem gelesenen Text bekam vermutlich niemand etwas mit. Obwohl wir die Sätze lustlos herunterleierten, gab der Lehrer keine Kommentare dazu.

Zu Hause aber – so muss es in den anderen Familien ebenfalls zugegangen sein – machten wir unseren Herzen Luft. Meine Mutter hörte sich alles an, was wir Kinder empört vorbrachten. Wenig später war sie verschwunden. Wie ich erst Tage später erfuhr, hatten sich die Mütter spontan zusammengerottet und waren zum Kreisleiter marschiert. Was bei ihm gesprochen wurde, weiß ich nicht. Darüber hat meine Mutter nie geredet. Aber nach einigen Tagen hingen die Kreuze in den Klassen wieder an ihrem alten Platz. Nach Kriegsende hat sich dieser Kreisleiter umgebracht.

Noch ein Erlebnis, das mit den braunen Genossen zusammenhing: Eines Tages, ich war erst seit wenigen Wochen in der sechsten Klasse, tauchte einer der Bonzen auf, sprach lange mit unserem Lehrer und ließ sich von ihm das Büchlein zeigen, in dem dieser Eintragungen über seine Schüler gemacht hatte. Wenig später bestellte der Lehrer meinen Vater in die Schule. Er muss ihm erklärt haben, dass ich so begabt sei, dass man mich auf Anweisung von oberster Stelle auf eine ganz spezielle Schule schicken wolle. Das sei eine große Ehre, die nur wenigen Schülern zuteilwerde.

Mit mir hat mein Vater nie darüber gesprochen. Aber ich bekam zufällig mit, wie er am Abend zu meiner Mutter sagte: »Was bilden die hohen Herren sich bloß ein? Ich schicke meinen Bub doch nicht auf eine Nazi-Elite-Schule! Wer weiß, was die ihm dort beibringen würden. Dem Lehrer konnte ich das aber nicht ins Gesicht sagen. Dem sagte ich nur, dass ich mich sehr geehrt fühle, unseren Toni aber unmöglich weggeben könne, weil wir ihn dringend in der Landwirtschaft brauchen.«

Als ich nach der siebten Klasse mein Entlassungszeugnis heimbrachte – das einzige Zeugnis, das damals ein Schüler während seiner ganzen Schulzeit bekam –, konnten es meine Eltern kaum glauben, dass ich so gute Noten und eine so hervorragende schriftliche Beurteilung erhalten hatte.

Zwar betrug die Schulpflicht in jener Zeit bereits acht Jahre, aber die Bauernkinder, insbesondere die Söhne, wurden auf Antrag für das letzte Schuljahr freigestellt, weil sie zu Hause unbedingt gebraucht wurden.

Ich möchte noch einfügen: Seit die Nazis am Ruder waren, war man ab seinem zehnten Lebensjahr mehr oder weniger verpflichtet, zum Deutschen Jungvolk zu gehen, einer Jugendorganisation der Hitler-Jugend. Die alten Leute schimpften zwar dauernd über Hitler, aber uns war in der Schule etwas anderes eingetrichtert worden. Deshalb traten meine Freunde und ich dem Jungvolk nicht nur mit Begeisterung bei, wir besuchten auch mit Eifer deren Treffen. Da die immer am Samstagvormittag stattfanden, bedeutete dies, dass man schulfrei hatte. Das war für uns die einzige Möglichkeit, mit Schulkameraden zu spielen, denn zu Hause war man geradezu eingesperrt, und es gab nichts als Arbeit. Beim Jungvolk aber konnte man sich bei schönem Wetter draußen richtig austoben. Bei Regenwetter, oder wenn es zu kalt war, verlegte man die

Spielerei nach drinnen. Es wurden auch Wanderungen unternommen, man sang und musizierte gemeinsam.

Nach der Schulentlassung musste man überwechseln in die Hitlerjugend, das war weniger spaßig. Wir mussten uns politische Reden anhören, die mich furchtbar langweilten, oder das dumme Geschwätz des Führers im Radio. Zur gleichen Zeit begann auch schon der Drill. Wir mussten stundenlang marschieren und exerzieren. Erst im Nachhinein wurde mir klar, dass man uns damit schon hatte für den Krieg vorbereiten wollen. Der begann ja auch schon, als ich vierzehneinhalb war. Heute noch höre ich meine Mutter seufzen: »Wie gut, dass unsere Buam noch zu jung sind, um in den Krieg zu ziehen.«

Damals konnte keiner ahnen, dass der sich über nahezu sechs Jahre hinziehen würde und dass man schon bald Buben zu den Waffen rief, die noch halbe Kinder waren. Bevor ich auf den Krieg zu sprechen komme, sollen Sie noch ein bisschen mehr über meine Familie erfahren. Da ich mich mit den Einzelheiten nicht so auskenne, lasse ich hierzu später lieber noch mal meine Schwester Ottilie zu Wort kommen.

## Beim Besenbinden

Auf unserem Hof verbrauchten wir im Jahr etwa sechzig bis siebzig Besen. Wenn man die hätte kaufen wollen, wäre das ganz schön ins Geld gegangen. Deshalb banden wir unsere Besen selbst. Was wir dazu benötigten – nämlich Birkenreisig und Weidenruten –, wuchs alles im Überfluss auf eigenem Grund und Boden. Außer einem Mischwald aus Kiefern und Fichten, der uns hauptsächlich Feuerholz lieferte, besaßen wir einen Birkenhang, von dem wir ebenfalls Brennholz bezogen. Der dabei anfallende »Abfall«, also Birkenreisig, war das ideale Material für Stallbesen. Man brauchte sie, um die Futterkrippen auszuputzen, um die Ställe sauber zu kehren, nachdem der Mist weggeschaufelt war, und auch der Hof musste immer wieder mal gekehrt werden. Die Weiden wuchsen rund um unseren kleinen Weiher. Die Ruten wurden bereits im Herbst geerntet und der Länge nach gespalten.

Der beste Monat zum Besenbinden war der Januar. Dann gab es auf den Feldern und im Wald nichts zu tun. Von klein auf gehörten für mich die Stunden, die wir mit Besenbinden verbrachten, zu den schönsten des Jahres. Von Weihnachten an freute ich mich schon immer darauf. Wenn der Vater in den ersten Januartagen dann sagte: »Auf Buben, lasst uns in den Rossstall gehen«, wussten wir, was die Uhr geschlagen hatte. Voller Freude trabten wir hinüber, wo sich der Knecht auf einem Hocker und der Vater auf der gegenüberstehenden Bank niederließen. Wir Buben nahmen rechts und links vom Vater Platz. Während es draußen klirrend kalt war, herrschte im Stall immer eine angenehme Temperatur. Zwischen den Männern lag ein Berg von Birkenreisig. Mit erstaunlicher Geschicklichkeit, nur mit einem scharfen Messer ausgerüstet, verwandelten sie die losen Zweige zu festen Besen. Sie hatten allerdings noch ein weiteres Hilfsmittel: einen Strick. Mit diesem wurde das obere Ende, wo später der Stiel hineinsollte, fest zusammengezogen.

Solange wir kleine Stöpsel waren, erfüllte es uns mit Stolz, wenn wir schon mal einen Zweig anreichen durften. War es als solches schon ein Erlebnis, mit den Männern Stunde um Stunde im Pferdestall zu verbringen, so stellte die Tatsache, dass wir kleine Handreichungen machen durften, eine erfreuliche Dreingabe dar. Bald aber hielt uns der Vater schon für gescheit genug, dass der Sepp und ich die fertigen Besen auf den Dachboden tragen durften. Dort erwartete uns eine wichtige Aufgabe: Die Besen mussten wir fein säuberlich in Reih und Glied legen, mehrere Schichten aufeinanderstapeln und dann mit Steinen beschweren, damit sie die richtige Form bekamen.

Meist begann das Besenbinden nach dem Mittagessen. Der Vater und der Knecht arbeiteten, bis es an der Zeit war, in den Stall zu gehen. Bis dahin hatten sie meist zehn Besen fertig. Leider konnten sie nicht an jedem Tag Besen binden. Wenn es heftig geschneit hatte, mussten sie auch mal einen Tag mit Schneeschaufeln zubringen, sonst hätte man bald nicht mehr aus dem Hof gekonnt.

Es gab aber noch etwas anderes, was diese Tage für uns so anziehend machte: die Gespräche der Erwachsenen, insbesondere aber ihre Erzählungen. Der Vater und der Knecht pflegten nämlich, während ihre Hände fleißig arbeiteten, sich den Klatsch und Tratsch aus jüngster Zeit zu berichten. Das war natürlich etwas für uns Buben. Unsere Kindheit war ja so arm an Zerstreuungen. Fernseher gab es noch nicht, und ein Radio kam auch erst viel später in unser Haus. Daher bedeutete das, was beim Besenbinden erzählt wurde, für uns das Gleiche, was für die heutigen Kinder ein Fernseh-Krimi ist. Man sparte aber auch nicht damit, Geschichten aufzuwärmen, die lange vor unserer Zeit passiert waren. Dann spitzten wir ganz besonders die Ohren, so zum Beispiel bei der Geschichte von der Fischer-Liesl.

## Die Fischer-Liesl

Die Liesl war mit meinem Vater in dieselbe Klasse gegangen, aber erst ab der fünften Klasse. Urplötzlich war die Familie in unserem Dorf aufgetaucht, und kein Mensch wusste, woher sie gekommen war. Daher war so gut wie nichts über sie bekannt. Sie hatten im Dorfkern ein Haus gekauft, ein ziemlich heruntergekommenes, quasi ein abbruchreifes; ein besseres hätten sie sich auch nicht leisten können. Außerdem hätte damals niemand ein Haus verkauft, das noch einigermaßen in Schuss gewesen wäre.

Bei Fischers ging es also finanziell äußerst knapp zu. Das Haus musste schließlich, wenn es auch billig gewesen war, abgezahlt werden. Ein geregeltes Einkommen schien Vater Fischer auch nicht zu haben. Mal arbeitete er bei dem einen, mal bei dem anderen Bauern als Tagelöhner. Keiner wollte ihn länger behalten, denn er war nicht sonderlich geschickt, und die Arbeit hatte er auch nicht erfunden.

Seine älteste Tochter nun, die Liesl, wollte ein bisschen mehr an »Wohlstand«, als die Eltern ihr zu geben vermochten. Deshalb stibitzte sie ihren Klassenkameradinnen während des Unterrichts das Pausenbrot. Das stellte sie so geschickt an, dass es weder der Lehrer noch die Schülerinnen mitbekamen. Sie war echt raffiniert, sie schreckte auch nicht davor zurück, den Mitschülern Geld zu stehlen. Denn manchmal hatte jemand welches von zu Hause mitbekommen, weil er nach Schulschluss im Dorf noch etwas für die Eltern einkaufen sollte.

Außer der Liesl hatte die Familie noch einige andere Töchter mitgebracht, und die alkoholsüchtige Mutter brachte in unserem Dorf noch weitere Mädchen zur Welt.

Nach ihrer Schulentlassung ging die Liesl nicht in Dienst, wie das damals jedes anständige Mädchen tat. Ob sie zu faul dazu war, oder ob niemand sie haben wollte, wusste mein Vater nicht. Statt also zu arbeiten, machte sie sich schon früh an Männer heran, von denen sie sich durchfüttern ließ. Mit sechzehn hatte sie einen festen Freund, der es gewiss ernst mit ihr meinte. Von Beruf war er Metzger, für die Liesl also eine nahrhafte Sache.

Eines Tages erklärte sie diesem Freund bei einem Treffen in seiner Wohnung: »Ich hab jetzt einen viel Besseren kennengelernt. Ich brauch dich nicht mehr.«

Der junge Mann, geschockt und rasend vor Eifersucht, ergriff das nächstbeste Metzgermesser und murkste sie ab. Für diese Tat, die nicht lange verborgen blieb, bekam er eine mehrjährige Gefängnisstrafe.

Was aber war der Kommentar von Liesls Vater? –
»Jetzt ist wenigstens eine weiter.«

Die Mutter aber, die ständig besoffen war, hat wahrscheinlich gar nicht mitgekriegt, dass eine fehlte.

Einmal, ich kam mit dem Sepp gerade vom Dachboden zurück, schwelgte mein Vater mitten in der schönsten Erzählung. Da konnte ich gerade noch die Wörter »Opa« und »Kammerfensterln« aufschnappen, da fiel ihm der Knecht ins Wort: »Bauer, es sind Schindeln auf dem Dach.«

Schlagartig verstummte mein Vater. So ein Blödsinn, dachte ich, die Schindeln interessieren doch keinen Menschen. Viel lieber hätte ich gewusst, wie das mit dem Opa und dem Kammerfensterln weiterging. Aber als wir nachfragten, schien mein Vater den Faden verloren zu haben. Wir konnten also nur darauf hoffen, dass er ihn bald wiederfinden würde, wir hofften jedoch vergebens. Nachdem er eine Weile schweigend gearbeitet hatte, fing er mit einer neuen Geschichte an, von der wir aber auch gleich gebannt waren. Welche Geschichte das damals gewesen ist, weiß ich nicht mehr. Aber irgendwann erzählte er folgende:

## Die Rauferei

Es war im Jahre 1898, die beiden jungen Männer Peter und Pauli waren die dicksten Freunde. Da geschah es, dass sich der Pauli in ein Mädchen verliebte. Als er davon erfuhr, dass der Peter auch genau hinter diesem Mädchen her war, kamen die beiden über Kreuz.

Pauli drohte: »Lass die Finger von der Stasi, das ist mein Mädchen, sonst lernst du meine Fäuste kennen!«

Der Peter sagte dazu gar nichts und ging seiner Wege. Er dachte aber nicht daran, den Rat seines Freundes zu befolgen.

Kaum trafen die beiden wieder aufeinander, gab es eine Rauferei. Beide zogen mit blutigen Nasen und jeder mit einem blauen Auge davon, das man noch lange Zeit »bewundern« konnte. So etwas muss in der Folgezeit noch öfter vorgekommen sein, denn keiner der beiden Streithähne wollte auf die Stasi verzichten.

Nach einigen Monaten hatte es in der Dorfwirtschaft eine wichtige Versammlung gegeben, bei der viele Bauern anwesend waren, so auch unsere Jungbauern Peter und Pauli. Diese Versammlung zog sich sehr lange hin. Da der Pauli nahe beim Ausgang gesessen hatte, war er einer der ersten, die den Saal verließen. Als Peter endlich aus der Wirtshaustür trat, hatten sich die meisten schon verlaufen. Der Pauli aber hatte seinem Freund aufgelauert. Als er seiner ansichtig wurde, stürzte er sich auf ihn und attackierte ihn mächtig mit beiden Fäusten. Der andere wusste sich zu wehren und zahlte es ihm mit gleicher Heftigkeit zurück. Plötzlich bückt sich der Pauli blitzschnell, ergreift einen Stein und drischt damit brutal auf den Peter ein.

Der Wirt, der wohl durch die Kampfgeräusche auf die beiden aufmerksam geworden war, eilte hinzu. »Ja, seid's ihr narrisch wordn?«, schrie er, packte den rasenden Pauli und zog ihn von dessen Gegner weg.

Peter, der einige blutende Wunden am Kopf davongetragen hatte, fiel in diesem Moment bewusstlos zu Boden. »Da, schau nur, was du in deiner blinden Wut angerichtet hast!«, hielt der Wirt dem Kampfhahn Pauli vor. »Jetzt geh zum Brunnen und bring mir einen Eimer Wasser her.«

Mit diesem Wasser gelang es ihm zwar, die Lebensgeister bei dem Verwundeten wieder zu wecken, doch der war nicht in der Lage, aufzustehen.

Da der Erntewagen des Wirts noch im Hof stand gebot dieser dem Pauli: »Nun hilf mir wenigstens, den Peter auf den Wagen zu laden.« Dann spannte er sein Ross davor und kutschierte den Verletzten noch in derselben Nacht eigenhändig ins nächstgelegene Krankenhaus.

Obwohl man Peters Wunden sogleich reinigte und sorgsam verband, war dem armen Teufel nicht mehr zu helfen. Nach einigen Tagen starb er an den vielen Wunden, die alle angefangen hatten zu eitern.

Der Pauli aber kam wegen Totschlags für einige Jahre hinter Gitter. Und was tat die Stasi? – Zunächst weinte sie sich die Augen aus. Immerhin hatte sie beide Verehrer auf einen Schlag verloren, was man in diesem Fall sogar fast wörtlich nehmen konnte. Es dauerte aber nicht lange, da ließ sie sich vom Schorsch trösten. Sie schritt sogar schon mit ihm zum Traualtar, während der Pauli noch damit beschäftigt war, seine Strafe abzusitzen.

Als es, sobald wir Buben vom Besenwegbringen zurückkamen, wieder einmal vorkam, dass der Knecht feststellte: »Bauer, es sind Schindeln auf dem Dach«, und mein Vater mitten im Satz aufhörte, zu erzählen, wunderte und ärgerte ich mich zugleich. Denn wieder hatte der Vater angeblich den Faden verloren.

Beim nächsten Mal war es der Knecht, der mitten im Erzählen innehielt, weil mein Vater die Bemerkung machte: »Bertl, es sind Schindeln auf dem Dach.«

Wie nicht anders zu erwarten, hatte auch der den Faden verloren und schwieg eine Weile beharrlich, offenbar auf der Suche nach diesem Faden.

Das machte mich allmählich stutzig. »Was haben die immer nur mit ihren blöden Schindeln?«, fragte ich meinen Bruder, als wir wieder auf dem Dachboden waren.

»Das habe ich mich auch lange gefragt«, antwortete der Sepp. »Dann bin ich dahintergekommen. Mit Schindeln meinen sie uns. Wenn die gerade über Dinge reden, die uns nichts angehen, warnt der eine den anderen mit diesem saudummen Satz.«

»Aha! Und die meinen, wir wären so blöd und würden das nicht merken.«

»Nun ja, es hat immerhin eine Weile gedauert, bis wir dahinterkamen.«

Im Repertoire unseres Vaters gab es eine Geschichte, die reichte noch weiter in die Vergangenheit zurück. Die konnten wir gar nicht oft genug hören. Und jedes Jahr, wenn die neuesten Tratsch-Geschichten abgehakt waren, bettelte einer von uns

Buben: »Ach bitte, Vater, erzähl uns doch noch mal die Geschichte von dem Pfarrermord.«

Dann ließ sich der Vater nicht lange bitten, denn ich glaube, er gab sie recht gern zum Besten. Diese Geschichte hatte er gewissermaßen aus erster Hand. Sein Vater hatte sie ihm mehrfach erzählt, weil er diesen ebenso bedrängt hatte wie wir ihn. Diese Tat, die sich nur wenige Kilometer von unserem Wohnhaus entfernt zugetragen hatte, kannte er nicht nur aus den Berichten seines Vaters; wichtige Einzelheiten davon waren ihm auch von Leuten zugetragen worden, die in der Nähe jenes Unglückspfarrhofes gewohnt hatten. Jedes Mal, wenn der Vater uns die Ereignisse jener Schreckensnacht schilderte, schien die Geschichte länger zu werden. Aber das störte uns nicht. Im Gegenteil. Da mein Vater es verstand, sie sehr lebendig auszuschmücken, um zwei begierig lauschenden Buben eine Freude zu machen, konnte sie uns gar nicht lang genug sein.

Auch Knecht Bertl, der die grauslige Geschichte durch seinen Großvater kannte, sah sich genötigt, sie jedes Jahr mit zusätzlichen Details zu versehen. Im Folgenden versuche ich jedoch, sie einigermaßen originalgetreu wiederzugeben, ohne die vielen Schnörkel, die Vater und Knecht im Laufe der Jahre eingebaut haben.

## Der Pfarrermord

Es war Anfang Dezember 1877, mein Großvater war noch ein junger Mann, und mein Vater sollte erst fünf Jahre später geboren werden. Da verbreitete sich eine Schreckenskunde wie ein Lauffeuer von Hof zu Hof: Der Pfarrer war ermordet worden!

Obwohl es weder Radio noch Telefon gab, kannte bald jeder die Geschichte, und sie war tagelang, ach was sag ich, wochen-, monate-, ja sogar jahrelang Gesprächsthema im weiten Umkreis. Selbst wenn jemand aus unserem Dorf in einen weit entlegenen Ort kam und den Namen unseres Dorfes nannte, dann hieß es: »Das ist doch der Ort, wo sie den Pfarrer ermordet haben.« Deshalb mochte bald niemand mehr von unseren Einwohnern den Namen seines Wohnortes erwähnen.

Rosalia, die Pfarrersköchin, war am Abend des bewussten Tages gegen halb acht im Begriff gewesen, zum Brunnen zu gehen, um für ihren Herrn Waschwasser ins Haus zu tragen. Just als sie die Tür öffnete, die von der Küche in den Hof führte, wurde sie brutal von einem maskierten Mann zurückgestoßen. Noch ehe sie begriff, wie ihr geschah, schlug er sie zu Boden.

In ihrer Not schrie sie laut um Hilfe. Das hörte der Herr Pfarrer, der in seinem Studierzimmer über den Kirchenbüchern saß, um seine Eintragungen zu machen. Ohne sich lange zu besinnen oder nach einem Gegenstand zu greifen, der ihm hätte zur Verteidigung dienen können, stürmte er vom Gang her in die Küche, um zu sehen, warum seine Köchin so schrie. Blitzschnell erfasste er die Situation und stürzte sich mit bloßen Händen auf den Eindringling. Es gelang ihm, ihn bis zur Außentür zurückzudrängen. Weiter kam er nicht, denn in dem Moment stürmten drei weitere vermummte Gestalten in die Küche.

Die respektlose Bande packte den geistlichen Herrn mit groben Händen und zerrte ihn ins Freie. Kurz darauf hörte die Köchin, die immer noch halb betäubt am Küchenboden lag, ein Geräusch, als ob man jemandem mit einem Gegenstand über den Schädel geschlagen habe. Unmittelbar darauf vernahm sie ein Plumpsen, als ob jemand gestürzt sei. Wie die ermittelnden Gendarmen später feststellten, hatte das Geräusch vermutlich daher gerührt, dass einer der Banditen dem Herrn Pfarrer ein kantiges Holzscheit mit Wucht über den Schädel gehauen hatte. Kein Wunder also, dass der unmittelbar danach bewusstlos oder vielleicht schon leblos zu Boden gestürzt war.

Von da ab hörte die Rosalia jedenfalls keinen Laut mehr von ihrem Herrn. Die Einbrecher stürmten sodann erneut ins Haus und drangen in sämtliche Räume ein. Dort suchten sie nach Geld und Wertsachen, wobei sie nicht zimperlich zu Werke gingen. Da unser Herr Pfarrer aus einer wohlhabenden Familie in der Stadt stammte, müssen sie dort auch einiges gefunden haben.

Unterdessen rappelte sich die Köchin mühsam hoch. Da sie die Räuber gut beschäftigt glaubte, trat sie an die Außentür der Küche und schrie laut um Hilfe. Sie hoffte, dadurch den Schulmeister, der seine Wohnung im gegenüberliegenden Haus hatte, auf ihre Notlage aufmerksam zu machen. Es war jedoch nicht der Lehrer, den sie durch ihre Hilfeschreie herbeilockte, sondern einen der Verbrecher. Er stürzte auf die wehrlose Frau zu und schlug mit einem Knüppel so lange auf sie ein, bis sie abermals schweigend zu Boden sank. Wenig später muss sie wieder zu Bewusstsein gekommen sein. Anstatt nun den Mund zu halten, begann diese dumme Person erneut, um Hilfe zu schreien. Das war das Signal für ihren Bewacher, sie nochmals mit dem Prügel zu bearbeiten, bis sie keinen Laut mehr von sich gab. Er schleppte die Bewusstlose hinaus und legte sie neben den Pfarrer in den Schnee. Die Kälte muss ihre Lebensgeister wieder geweckt haben. Ihre erste Empfindung war ein Druck auf der Brust. Vorsichtig blinzelte sie unter den Augenlidern hervor und entdeckte zu ihrem Entsetzen, dass der Räuber, der sie geschlagen hatte, auf ihr kniete. Durch ihren erlittenen Schaden war sie aber nicht klüger geworden. Statt sich wenigstens nun tot zu stellen, wie das jeder Maikäfer in einer Gefahrensituation tut, versuchte sie erneut, Laut zu geben. Das konnte der Bandit nicht zulassen. Wütend fauchte er sie an: »Wenn du nicht sofort dein Maul hältst, bringe ich dich um!«

Die Pfarrersköchin aber, todesmutig, riss dem Räuber den schwarzen Fetzen vom Gesicht und rief: »Ich kenn dich!«

Natürlich kannte sie ihn nicht, sie wollte ihn damit nur bluffen. Er aber machte seine Drohung ernst. Er würgte die Rosalia, bis sie keinen Ton mehr von sich gab. Aber sie war noch nicht tot. Sie war erstaunlich zäh. Wie eine Katze muss sie wohl sieben Leben gehabt haben. Sie erwachte ein weiteres Mal aus ihrer Betäubung, und zwar in dem Moment, als die Diebesbande aus dem Haus stürmte. Endlich schien sie es kapiert zu haben; sie rührte sich nicht. Lediglich unter den Wimpern hindurch versuchte sie, den Rückzug der Einbrecher zu beobachten. Da sah sie, dass die Mörder, wie sie die Täter mittlerweile im Stillen nannte, nicht davor zurückschreckten, auch noch die Taschen des toten Geistlichen zu durchsuchen. Während zwei der Banditen Uhr und Geldbörse an sich nahmen, lachte der dritte Kumpan hämisch: »So, jetzt haben wir euch einmal erwischt!«

Am anderen Tag zeigte sich den herbeigerufenen Untersuchungsbeamten im Pfarrhof ein Bild des Grauens. An der Stelle im Hof, wo der Kopf des Pfarrers am Boden aufgelegen hatte, fand man eine große Blutlache, und in der Küche überall kleinere und größere Blutspuren: auf der Treppenstufe, auf dem Küchenboden, an den Möbeln, an den Türpfosten. In allen Räumen waren Kommoden und Kästen leer geräumt, der Inhalt lag im ganzen Haus verstreut herum. Selbst vor den Kirchenbüchern hatten die Verbrecher nicht haltgemacht. Offenbar konnten sie mit diesen nichts anfangen, aber vor lauter Wut hatten sie diese mit solcher Wucht auf den Boden geschleudert, dass sich die Bindung an mehreren Stellen gelöst hatte. Wie der Arzt feststellte, der den Leichnam des Pfarrers später untersuchte, muss der Siebenundfünfzigjährige an seiner schrecklichen Kopfwunde ziemlich schnell gestorben sein.

Ja, von der Pfarrersköchin hatte man, da sie die einzige Augenzeugin war, die ganze Geschichte erfahren. Sie selbst war auf das Übelste zugerichtet worden: Würgemale am Hals, das Gesicht verquollen, mit blauen und blutigen Flecken übersät, am

Kopf klaffende Wunden und dicke Beulen. Es war ein Wunder, dass sie das überlebt hatte. Sogar der Bezirksarzt, der sie nach der Tatnacht eingehend untersucht hatte, äußerte sich später folgendermaßen: »Es grenzt an ein Wunder, dass die Frau nicht an diesen Verletzungen gestorben ist.«

Nachdem man sie ausgiebig vernommen hatte, flüchtete sie zu ihren Verwandten nach Mühldorf. Wenige Tage später begaben sich zwei gestandene Mannsbilder – einer ihrer Brüder und ein Cousin – zu dem heimgesuchten Pfarrhof, um Rosalias Kleidung und sonstige Habseligkeiten zu holen, welche die Banditen nicht hatten mitgehen lassen. Sie selbst wagte es nicht, jemals wieder einen Schritt über die Schwelle des Unglückshauses zu setzen. Ja, sie schien das ganze Dorf zu meiden. Denn sie ward dort nie wieder gesehen. War es der Schock, der ihr zeitlebens in den Gliedern saß? Oder bedrückte sie die Angst, solange sie die Verbrecher noch auf freiem Fuß wusste?

Jedenfalls müssen es nach Rosalias Aussagen fremde Täter gewesen sein. Dem einen hatte sie ja direkt ins Gesicht gesehen, und bei den anderen hatte sie die Gesichter teilweise erblickt. Denn im Eifer des Gefechts waren die schwarzen Tücher, welche die Einbrecher sich um die untere Gesichtshälfte gebunden hatten, verrutscht. Auch hatte Rosalia auf die Stimmen geachtet, davon war ihr jedoch keine bekannt vorgekommen.

Natürlich arbeiteten Gendarmerie und Staatsanwaltschaft fieberhaft daran, den brutalen Raubmord schnellstmöglich aufzuklären. In der

Bevölkerung wollte man die rücksichtslosen Verbrecher bald hinter Schloss und Riegel wissen, damit man wieder beruhigt schlafen konnte. Deshalb befragte man behördlicherseits die arme geschundene Pfarrersköchin immer wieder und ließ sich jedes Detail genau beschreiben, auch wenn es noch so unbedeutend schien. Sie gab auch bereitwillig immer wieder Auskunft.

In der Folgezeit ermittelten die Behörden in viele Richtungen. Offensichtlich verloren sie aber viel Zeit damit, dass sie zunächst falsche Fährten verfolgten. Man setzte auch den einen oder anderen oder kleine Gruppen von Verdächtigen fest. Nach wenigen Tagen musste man diese aber wieder laufen lassen, weil sie für die Tatzeit ein wasserdichtes Alibi nachweisen konnten oder weil es den Gesetzeshütern an Beweisen mangelte.

Vielleicht hätte man mit den Stiefelspuren im Schnee etwas anfangen können, aber die waren noch in derselben Nacht von den herbeigerufenen Polizisten total zertrampelt worden.

Das traurige Ergebnis war, dass der Mord an diesem Pfarrer – der, obwohl er nur drei Jahre in der Pfarrei gewirkt hatte, sehr beliebt gewesen war – auf Erden ungesühnt blieb.

Immer wenn mein Vater diese Schlussworte aussprach, lief mir ein kalter Schauer den Rücken herunter. Und als ich noch klein war, folgte jedes Mal meine Frage: »Vater, meinst nicht, dass die eines Tages auch zu uns kommen?«

»Ganz gewiss nicht«, lachte er dann. »Erstens haben die mit dem, was sie auf dem Pfarrhof gefunden haben, ausgesorgt. Zweitens würden sie sich nicht mehr in diese Gegend trauen. Die haben sich gewiss sehr weit abgesetzt. Denn wenn sie hier versucht hätten, die gestohlenen Sachen zu Geld zu machen, hätte man sie erwischt. Und drittens leben sie wahrscheinlich längst nicht mehr. Die ganze Geschichte ist ja schon über fünfzig Jahre her.«

Als Nächstes folgte die Frage, entweder von mir oder von meinem Bruder gestellt: »Könnte es nicht sein, dass sich eine neue Räuberbande zusammenrottet und uns überfällt?«

»Nein, Buben«, folgte jedes Mal mit Bestimmtheit die gleiche Antwort vom Vater. »Kein Räuber würde so blöd sein, bei einem armen Bauern einzubrechen, der nichts hat außer einem Stall voll Kinder.«

Erst als wir diese Antwort – wie alljährlich – aus dem Mund des Vaters vernommen hatten, waren wir beruhigt und wagten uns am Abend unbesorgt in unsere Schlafkammer.

Noch jahrelang war der ungesühnte Pfarrermord ein Gesprächsthema in unserer Gemeinde. Seit den 1970er-Jahren aber, nachdem das Verbrechen etwa hundert Jahre zurücklag, wurde es still darum. Inzwischen waren ja auch alle gestorben, die noch aus erster Hand von diesem Vergehen gewusst hatten. Außerdem geschehen täglich neue Verbrechen, die uns durch die Medien brühwarm aufgetischt werden, sodass man die alten Sachen vergisst.

Es erfüllte uns mit Stolz, als der Vater uns endlich für würdig genug erachtete, dass wir die ersten

Besenbindeversuche selbst machen durften. Meinem Bruder brachte er das Binden bei, als der dreizehn Jahre alt war, folglich wurde ich zwei Jahre später in diese Kunst eingeführt. Obwohl wir so oft zugeschaut hatten, brauchte es vonseiten des Vaters viel Geduld, bis wir den Dreh raus hatten. Mit sechzehn durfte der Sepp erstmalig selbstständig Weiden und Birken »ernten«. Zwei Jahre später war ich an der Reihe.

Ab unserem 14. Lebensjahr hatten wir allerdings schon immer beim Holzfällen helfen müssen. Und im Frühjahr war es unsere Aufgabe gewesen, die geschlagenen Bäume durch das Anpflanzen von neuen Bäumchen zu ersetzen. Auf diese Weise wurde der Wald ständig verjüngt, sodass wir uns für die Zukunft keine Sorge um den Brennholzvorrat zu machen brauchten.

Das Mähen mit der Sense hatte uns der Vater beigebracht, als wir dreizehn, vierzehn waren, das Dengeln aber erst mit fünfzehn, sechzehn, das ist nämlich eine schwierige Kunst.

Als wir älter und verständiger waren, bekamen wir im Rossstall auch Geschichten zu hören, die man den »Schindeln« gewiss vorenthalten hätte. Inzwischen hatte uns der Bertl verlassen und war in eine Fabrik abgewandert. Unser neuer Knecht, der Andi, der nicht mehr ganz jung war, brachte uns neue Geschichten mit. Denn auch Ende der Dreißigerjahre pflegte man noch im Januar im Pferdestall beim Besenbinden miteinander zu ratschen. Mein Bruder und ich konnten das Binden nun selbst schon ziemlich gut, so brauchten wir insgesamt wesentlich weniger Tage, um die benötigte Menge an Besen herzustellen. Weniger Tage im Rossstall bedeuteten aber auch weniger Geschichten. Das war aber nicht so tragisch. Inzwischen trug ja das Radio dazu bei, unseren Hunger auf Sensationen zu stillen. Andi stammte ebenfalls von einem Einödhof. Eine der Geschichten, die er von dort mitbrachte, hat sich bei mir tief eingeprägt:

Die Drohung

Xaver, der Bauer von Andis Nachbarhof, war noch ledig, und seine Nichte Zenta, die älteste Tochter seiner Schwester, diente bei ihm als Magd. Dass er so nah mit ihr verwandt war, störte ihn nicht. Er stellte ihr so lange nach, bis er sie im Bett hatte. Wäre das nur bei einem einzigen Ausrutscher geblieben, hätte die Welt vielleicht nie von der Geschichte erfahren. Der Xaver aber machte sich das junge Mädchen durch Schmeicheleien, Versprechungen und Drohungen immer wieder gefügig. So kam das, was kommen musste: Zenta war bald in anderen Umständen. In ihrer Not vertraute sie sich ihrer Mutter an. Die bestärkte sie darin, dies dem Onkel zu sagen und auf einer Heirat zu bestehen.

Klopfenden Herzens trat die Magd vor ihren Onkel, eröffnete ihm, dass sie ein Kind von ihm erwarte und verlangte, dass er sie heirate.

»Wie käme ich denn dazu?«, wehrte der lachend ab. »Da käme ich ja mit dem Gesetz in Konflikt. Denn soweit mir bekannt ist, dürfen Verwandte untereinander nicht heiraten.«

»Warum hast du dir das nicht vorher überlegt? Als mein Onkel hättest du mit mir auch kein Verhältnis haben dürfen«, konterte die Nichte, die von ihrer Mutter entsprechend präpariert worden war.

»Jetzt ist es nun mal passiert.« Der Xaver zuckte leichthin mit den Schultern. »Jetzt lässt es sich nicht mehr rückgängig machen.«

»Das nicht. Aber du hast mich entehrt, und nun ist es deine verdammte Pflicht, mich durch eine Heirat wieder ehrbar zu machen.«

»Red doch keinen Schmarrn, Dirndl. Als dein Onkel kann ich dich gar nicht heiraten, selbst wenn ich das wollte.«

»Doch, du kannst. Meine Mutter hat gesagt, in einem solchen Fall braucht man nur die Erlaubnis vom Bischof.«

»Da kannst lange warten, bis ich deswegen beim Bischof um Erlaubnis nachsuche.«

»Da werde ich gar nicht lange warten. Wenn du das Gesuch nicht binnen einer Woche beim Pfarrer eingereicht hast, werde ich dich wegen Blutschande anzeigen.«

Durch diese Drohung verunsichert, schluckte der Onkel kurz. Dann hatte er wieder Oberwasser. »Wenn du mich anzeigst, das bringt dir gar nichts. Ich werde behaupten, dass das nicht stimmt. Und mit ein bisschen Geld werde ich leicht ein paar Männer beibringen, die gern behaupten, dass sie mit dir geschlafen haben. Dann stehst du als die Blamierte da.«

Weinend zog sich die Nichte zurück und überdachte ihre aussichtslose Lage. Noch einmal zur

Mutter traute sie sich nicht. Die hatte mit ihrer großen Kinderschar genug um die Ohren. Sie selbst musste einen Ausweg aus ihrer Lage finden. Nach langem Grübeln kam ihr eine verzweifelte Idee. Sie trat erneut vor ihren Onkel zu einem ernsthaften Gespräch.

»Ich hab es mir überlegt«, begann sie. »Du sitzt am längeren Hebel. Ich werde dich also nicht anzeigen.«

Schon machte sich ein wohlgefälliges Grinsen im Gesicht des Onkels breit. Doch Zenta war mit ihrer Rede noch nicht zu Ende. »Aber ich bestehe darauf, dass du um die Heiratserlaubnis nachsuchst. Sechs Tage lasse ich dir noch Zeit. Wenn bis dahin nicht das Entsprechende geschehen ist, bringe ich mich um.«

Das Gesicht des Onkels wurde um einen Schein blasser. »W-wie ... w-wie ...«, stotterte er. Doch schnell hatte er sich wieder im Griff. »Pah, das traust du dich ja doch nicht. Was hättest du auch davon? Du wärest für alle Zeiten tot, und ich würde ungeniert weiterleben.«

»Gar so ungeniert würdest du gewiss nicht weiterleben, das kannst mir glauben. Meine Mutter und meine Freundinnen würden schon dafür sorgen, dass man es im weiten Umkreis erfährt, wer mich in Schande gebracht und mich damit in den Tod getrieben hat.«

Diese Aussage gab ihm schon ein bisschen zu denken. Aber noch gab er nicht klein bei. »Und wie gedenkst du, dich umzubringen?«, fragte er sarkastisch. »Willst du dich etwa erhängen oder dir die Pulsadern aufschneiden?«

»Nein«, erwiderte die Nichte vollkommen ruhig. »Diese Todesarten sind mir zu brutal. Ich werde in den Müller Weiher gehen.«

Kalt lächelnd hielt ihr der Bauer vor: »Das traust du dich ja doch nicht. Und wenn doch – sobald dir das Wasser bis zum Hals steht, kehrst schnell wieder um.«

»Das werde ich nicht«, entgegnete das Mädchen trotzig. »Das kann ich gar nicht. Ich habe mir sagen lassen, dass der Müller Weiher jede festhält, die sich ein Stück weit hineinwagt. Mit den Füßen bleibt man im Morast stecken, und die Pflanzen umschlingen einen mit eisernem Griff.«

»Aber Dirndl, das wirst du dir doch nicht antun?«, schlug der Onkel nun einen besorgten Ton an.

»Doch«, beharrte die Nichte trotzig. »Der Müller Weiher ist schon für manches Mädchen ein kühles Grab geworden, weil es mit der Schande, in die es von einem Mann gestürzt worden ist, nicht weiterleben konnte. Du hast mich dann auf dem Gewissen.«

»Also gut, also gut«, lenkte der Bauer endlich ein. »Was genau muss ich tun, um vom Bischof die Heiratsgenehmigung zu kriegen?« Natürlich hatte er dabei den Hintergedanken, der Bischof werde seinen Antrag abschlägig bescheiden. Dann hatte er alles Menschenmögliche getan, und niemand konnte ihm einen Vorwurf machen.

»Das kann dir meine Mutter viel besser erklären als ich.«

Die tat das dann auch. Sie war sogar behilflich, das Schreiben aufzusetzen und brachte es eigenhändig zum Pfarramt.

Doch Xaver hatte Pech. Nach einigen Wochen überreichte ihm der Postbote einen eingeschriebenen Brief, der den Stempel des bischöflichen Ordinariats trug. »Nanu, was hast jetzt du mit dem Bischof zu tun, dass er dir höchstpersönlich schreibt?«, forschte der Beamte neugierig.

»Ja, das möchtest gerne wissen«, antwortete der Xaver ausweichend. »Ich bewege mich halt jetzt in den höchsten Kreisen«, scherzte er, obwohl ihm eigentlich gar nicht nach Scherzen zumute war. Er ahnte, was in dem Schreiben stand.

Die »Braut« und das Pfarramt hatten mit gleicher Post gleiche Schreiben bekommen, das war in Xavers Brief erwähnt. Daher hatte er keine Chance, das Schreiben einfach verschwinden zu lassen mit der Behauptung, bei ihm sei keine Heiratserlaubnis angekommen. So fand also bald in aller Stille die Trauung dieses ungewöhnlichen Paares in der Pfarrkirche statt.

Es ist einleuchtend, dass eine Ehe, die unter solch ungünstigen Vorzeichen geschlossen wurde, keine glückliche sein konnte. Vier Monate nach der Hochzeit brachte die Zenta ein Kind zur Welt, einen Buben. Das war immerhin etwas und stimmte ihren Mann einigermaßen versöhnlich. Das Kind machte auch einen durchaus normalen Eindruck und wuchs gesund heran.

Nach zwei Jahren bekam Zenta einen weiteren Buben. Der machte von Anfang an einen kläglichen Eindruck. Und an seinem ersten Schultag hatte er große Mühe mit dem weiten Schulweg. Das Laufen fiel ihm ungewöhnlich schwer. Er stolperte mehr als dass er ging. Etwa alle zehn Meter blieb er stehen, weil er keine Kraft mehr hatte. So kämpfte er sich vorwärts. Auf dem Heimweg war es das Gleiche, daher ließ ihn die Mutter zu Hause. Nach etlichen Monaten starb er.

Der ältere Sohn wuchs normal heran, zur Freude seiner Eltern. Als er ins heiratsfähige Alter kam, fand er eine nette Frau, die einen durchaus vernünftigen Eindruck machte. Allerdings brachte sie ein Kind mit in die Ehe, ein Mädchen, was ihren Mann nicht weiter störte. Sie bekamen noch ein gemeinsames Kind, einen Buben. Bei diesem zeigte sich leider schon bald, dass er schwachsinnig war. Als die Eltern nicht mehr mit ihm zurechtkamen, gaben sie ihn in ein Heim. Dort lebt er noch heute.

Seine Eltern leben nicht mehr; was genau mit ihnen geschah, lässt sich nicht eindeutig sagen. Die Frau hatte jedenfalls eines Tages an den Oberschenkeln einige klaffende Wunden. Ihr Mann behauptete, diese habe sie sich im Zuge eines Anfalls von geistiger Umnachtung mit einem Küchenmesser selbst beigebracht. Die Frau aber versicherte, diese Verletzungen habe er ihr zugefügt, als er sie mit einem Messer attackiert habe. Wem von beiden wollte man nun glauben? Das Ende vom Lied war, dass man ihn in eine Klinik für Nervenkranke einlieferte, wo er nach etlichen Jahren starb. Die Frau kam in ein normales Krankenhaus, wo sie verblieb, bis ihre Wunden geheilt waren. Kaum war sie wieder zu Hause, brachte sie sich um. Das Ende einer Familie. Was aus der vorehelichen Tochter der Frau geworden ist, weiß man nicht.

Zur Zeit meines Vaters hatte man die Besen immer mit Weidenruten zusammengebunden. Ich dagegen führte im Jahre 1957 das Binden mit Draht ein. Das ging wesentlich schneller, und die Besen hielten auch länger. Allerdings blieb immer der Draht in der Asche zurück, wenn der ausgediente Besen im Kachelofen verheizt wurde.

Da einem das Binden mit Draht leichter von der Hand ging, banden wir jedes Jahr einige Besen mehr, als wir brauchten. So wuchs der Besenvorrat stetig an. Daher hätte man mal ein Jahr mit Binden aussetzen können. Man band aber munter weiter mit dem Gedanken, dann hätte man auch genügend Besen für den Fall, dass man mal in einem Jahr nicht zum Binden kommen sollte. Bevor aber ein solcher »Notfall« eintrat, hatte sich in der Landwirtschaft so viel geändert, dass man keine Birkenbesen mehr brauchte. So kommt es, dass heute noch etwa hundert Besen auf unserem Dachboden lagern. Man hätte sie längst verheizen können, aber irgendetwas in mir lässt mich davor zurückschrecken. Ist es vielleicht die Annahme, dass man sie eines Tages doch wieder wird brauchen können? Oder ist es die Ehrfurcht vor der ganzen Arbeit, die wir dort hineingesteckt haben?

## Mein tüchtiger Onkel

Bei meinem Vater, der 1885 geboren wurde, waren sie zu Hause nur drei Kinder. Er, als der Älteste der beiden Brüder, bekam selbstverständlich den väterlichen Hof. Und da aufseiten seiner Mutter kein männlicher Erbe vorhanden war, konnte Vaters Bruder Anton, Jahrgang 1889, diesen übernehmen. Der Hof war zwar kleiner als der unsere, aber mit viel Fleiß erwirtschaftete der Onkel alles, was er mit seiner Frau zum Leben brauchte.

Die einzige Schwester der beiden, meine Tante Ottilie, geboren 1882, heiratete im Jahre 1911 einen Bauern, der ebenfalls auf einem Einödhof lebte. Dessen Felder grenzten an die ihres Bruders Anton. Sie bekam ein einziges Kind, den Stefan, 1912 geboren. Zwei Jahre später musste sein Vater schon in den Krieg ziehen. Von diesem kehrte er 1918 nur leicht verwundet zurück.

Während des Krieges hatte Tante Ottilie den Hof mithilfe eines Jungknechts mühsam über Wasser gehalten. Nach der Heimkehr ihres Mannes, so hatte sie gehofft, werde alles besser, aber der Krieg schien ihn verändert zu haben. Georg war kein guter Landwirt mehr. Er verstand nicht, zu wirtschaften. Um seine kleine Familie überhaupt ernähren zu können, verkaufte er den einen oder anderen Acker an seinen Feldnachbarn, seinen Schwager Anton.

Im Jahre 1926 endlich fasste die Ottilie einen Entschluss. »Wenn wir das Anwesen stückweise verkaufen, haben wir bald nicht mal mehr ein Dach überm Kopf. Das Gescheiteste wäre, meinem Bruder das Sach komplett anzubieten. Dabei springt wahrscheinlich ein Sümmchen heraus, mit dem sich etwas anfangen lässt.«

Ihr Mann hatte keine Einwände.

Obwohl für den Anton der Kauf des Besitzes ideal gewesen wäre, denn er grenzte ja direkt an den seinen, musste er sich das gründlich überlegen. Zwar waren dreißigtausend Reichsmark für ein Anwesen mit dreißig Hektar Land nicht zu viel, aber die musste man auch erst mal aufbringen. Denn die verheerende Inflation, die viele Menschen um ihr sauer Erspartes gebracht hatte, lag noch keine vier Jahre zurück. Schließlich ging er nach reiflicher Überlegung das Wagnis ein, Anfang 1927 wurde der Kaufvertrag besiegelt.

Bis auf ein Grundstück übernahm Anton alles mit totem und lebendem Inventar, und das ist wörtlich zu nehmen. Denn nicht nur das gesamte Vieh blieb auf dem Hof, sondern auch Stefan, der einzige Sohn, der mittlerweile fünfzehn Lenze zählte. Auf dem ehemaligen elterlichen Anwesen stand er fortan als Knecht in den Diensten des Onkels. Das tat Stefan natürlich weh, dass er auf dem Hof, auf dem er von Rechts wegen mal Bauer hätte werden sollen, als Knecht arbeiten musste. Nach einigen Jahren aber schickte er sich drein. Wenn er sah, dass sein Onkel – obwohl er der Bauer war – noch schwerer arbeiten musste als er selbst, dass dieser abends noch sorgenvoll über seinen Büchern hockte und mit jedem Pfennig rechnen musste, um über die Runden zu kommen, war er froh, dass ihm eine solche Verantwortung erspart geblieben war. Doch sein »freies« Leben sollte für ihn schon nach einigen Jahren vorbei sein. Denn kaum dass 1939 der Zweite Weltkrieg ausgebrochen war, wurde Stefan schon zu den Waffen gerufen. Wie die meisten jungen Männer folgte er diesem Ruf mit einem mulmigen Gefühl, denn es war vorauszusehen, dass viele von ihnen gar nicht mehr oder verkrüppelt zurückkommen würden.

Nach der kurzen Grundausbildung wurde Stefan dem Fuhrpark zugeteilt. Mit einigen Kameraden war er dafür zuständig, die Truppen mit Nachschub an Munition zu versorgen. Dadurch blieben sie eigentlich immer in respektvoller Entfernung zur Kampflinie.

Im Januar 1943 lautete der Marschbefehl: Nachschub an Munition nach Stalingrad bringen! Doch lange bevor sie den Kessel auch nur annähernd erreichten und es dort zu der historischen Schlacht kam, bei der die 6. Deutsche Armee aufgerieben wurde, geriet Stefan mit seinen Mannen in einen heftigen Schneesturm, der den ganzen Trupp versprengte. Diesem Naturereignis ist es zu verdanken, dass einige von ihnen überlebten, so auch Stefan. Die Versprengten meldeten sich bei dem erstbesten Militärposten, den sie erreichten, und wurden dort mit anderen »Überresten« zu einer neuen Einheit zusammengestellt. Diese wurde in anderen Kriegsgebieten in Russland eingesetzt.

Bei einem solchen Einsatz Ende 1944 erwischte es Stefan. Dabei hatte er noch Mordsglück: Mit einem Durchschuss durch die rechte Hand kam er davon. Da er trotz dieser »geringen« Verwundung nicht mehr einsatzfähig war, brachte ihn der nächste Lazarettzug nach Deutschland – ein erneutes Glück für ihn. Denn hier griff die Regelung, dass verwundete Soldaten möglichst in ein heimatnahes Lazarett gebracht werden sollen. So kam er nach Altötting, wo ihn seine Eltern regelmäßig besuchen konnten. Bis er mit seiner durchschossenen Hand wieder einsatzfähig gewesen wäre, war der Krieg aus, und Stefan wurde nach Hause entlassen. Eine Kriegsgefangenschaft blieb ihm also auch erspart.

Wie wir uns erinnern, hatten sich seine Eltern beim Verkauf ihres Anwesens ein Grundstück zurückbehalten. Auf diesem hatten sie von den dreißigtausend Reichsmark schon bald ein kleines Anwesen errichtet. Von dessen Ertrag konnten sie ganz bescheiden leben.

Als nun der Sohn vom Krieg heimkehrte, fand er bei ihnen Unterschlupf. Aber um ihn auch noch zu ernähren, gab das kleine Anwesen nicht genug her. Daher waren sie froh, dass er bald eine Stelle beim Raiffeisenverband bekam. Er blieb weiterhin bei den Eltern wohnen und hat sie vermutlich finanziell unterstützt. Sein Vater starb im Jahre 1952.

Die Mutter zog sich in die Kammer zurück, die der Sohn bis dahin bewohnt hatte, und überließ Stefan den Rest der Wohnung. Nun hatte er endlich genug Platz, um eine junge Frau heimzuführen. Sie bekamen eine Tochter. Stefans Mutter, meine Tante Ottilie, starb elf Jahre nach ihrem Mann, also im Jahre 1963.

Stefan lebt auch schon längst nicht mehr. Eines Tages begann er damit, über Herzbeschwerden zu klagen. Es wurde so schlimm, dass seine Frau ihn nach München in eine Klinik brachte. Das Einzige, was ihm helfen könne, hieß es dort, sei eine neue Herzklappe. Nachdem der Arzt das Ehepaar ausführlich über die Risiken aufgeklärt hatte, gaben schließlich beide ihre Einwilligung zur Operation.

Sie verlief ganz gut, auch einige Zeit danach war Stefans Befinden zufriedenstellend. Doch plötzlich verschlechterte sich sein Zustand rapide, und nach wenigen Wochen war er tot.

Aber eigentlich wollte ich ja von meinem tüchtigen Onkel erzählen. Nachdem er mit seiner Frau das Anwesen von seiner Schwester gekauft hatte, hieß es für die beiden hart arbeiten und eisern sparen. Nur so kamen sie allmählich von den Schulden runter. Drei Jahre nach dem Kauf stellte man bei der Frau eine Lungenkrankheit fest. Sie erlag ihrem Leiden im Januar 1932.

Mein Onkel war schier verzweifelt. Mit seinem Neffen Stefan und einer Jungmagd allein ließ sich der Hof nicht bewirtschaften, eine Haushälterin musste her. Der Viehhändler, der gerade zur rechten Zeit auf dem Hof erschien, konnte ihm eine tüchtige Person vermitteln. Sie war nur einige Kilometer von unserem Dorf beheimatet. Der Viehhändler hatte nicht zu viel versprochen: Johanna war in der Tat eine äußerst fleißige und geschickte Person. Sie brachte den Hof, der durch die Krankheit der Bäuerin ziemlich heruntergekommen war, schnell wieder in Schwung, und der Bauer konnte sich seinen Hof bald nicht mehr ohne Johanna vorstellen. Damit sie nur ja nicht auf die Idee komme, sich nach einem anderen Dienst umzuschauen, machte er ihr in aller Form einen Heiratsantrag. Zu seiner Freude sagte sie sofort ja, also wurde auf dem Hof ein Jahr nach dem Tod von des Onkels erster Frau eine bescheidene Hochzeit gefeiert. Von da ab waltete die Hauserin Johanna als Bäuerin auf dem ansehnlichen

Hof. Am 4. Juni 1935 brachte sie Zwillinge zur Welt, zwei Buben, zwei gesunde stramme Buben! Was war das für ein Glück und eine Freude für den bis dahin kinderlosen Onkel! Sechs Jahre später kam noch mal ein Bub auf dem Hof an. Wieder war die Freude groß.

Wie wir wissen, war Stefan, des Onkels Neffe, bereits kurz nach Kriegsbeginn eingezogen worden. Damit der Anton seinen Betrieb überhaupt aufrechterhalten konnte, schickte man ihm behördlicherseits schon bald einen polnischen Kriegsgefangenen, einen sogenannten Zwangsarbeiter. Der Onkel war gut zu diesem Mann, das kann man nicht anders sagen. Aber er verlangte von diesem genauso viel Einsatz wie bisher von seinem Knecht und von sich selbst. Also nahm er den Polen selbst im Januar mit in den Wald zum Holzfällen. Und der Januar 1940 war ein grimmig kalter Monat. Die einzige Erholung, die er sich beiden gönnte, war, dass sie Säge und Axt ab und zu fallen ließen und um einen Baum herumliefen. Dabei schlugen sie ihre Hände immer wieder gegen den Körper, damit diese nicht erfroren.

Ob der Kriegsgefangene durch die Kälte Schäden davongetragen hat, ist nicht bekannt geworden. Der Onkel aber hat für diese Einsätze zwanzig Jahre später büßen müssen. Ihn befiel ein schweres, sehr schmerzhaftes Rheumaleiden. So konnte er in Feld und Stall nichts mehr ausrichten. Sieht man mal von seinem persönlichen Leiden ab – er wurde immer wieder von äußerst schmerzhaften Schüben heimgesucht – bedeutete seine Erkrankung für den Hof keinen großen Nachteil. Die drei Söhne waren mittlerweile herangewachsen, hatten vom Vater alles Notwendige gelernt und hatten von ihm auch die fleißige und tüchtige Ader mitbekommen. Wenn Anton vor seinem Haus in der Sonne saß – ihre Wärme tat seinen schmerzenden Gliedern gut –, hätte er sich darüber freuen können, dass seine drei Buben so kräftig zupackten und so einträchtig miteinander arbeiteten. Aber es überkam ihn, den Ruhelosen, immer eine tiefe Niedergeschlagenheit, weil er zum Nichtstun verurteilt war.

Doch damit nicht genug. Das Schicksal hielt für ihn einen weiteren schweren Schlag bereit. Anton saß, wie so oft, auf der Hausbank und genoss die ersten warmen Strahlen der Januarsonne. Seine Frau, die tüchtige Bäuerin Johanna, die ihn neben all ihrer Arbeit aufopfernd pflegte, trat zu ihm und legte ihm eine Decke über die Knie.

Unvermittelt sagte sie: »Ich weiß nicht, was mit meinem Herz ist. Ich habe furchtbare Schmerzen.« Mit diesen Worten griff sie sich in die Herzgegend und ließ sich neben ihren Mann auf die Hausbank fallen.

Der schrie natürlich sofort nach den Söhnen. Da man bereits Telefon hatte, verständigte einer von ihnen umgehend den Arzt. Der traf schon wenig später ein. Nach kurzer Untersuchung erklärte er, da könne er nichts machen, die Johanna müsse sofort ins Krankenhaus. Eigenhändig bestellte er den Krankenwagen, der die Bäuerin mit Blaulicht und Tatütata in die Klinik nach Mühldorf brachte. Trotz aller sofort eingeleiteten Maßnahmen konnten sie ihr

Leben nicht mehr retten. So verlor Anton seine zweite Frau bereits am nächsten Tag, dem 14. Januar 1961.

Wieder war mein Onkel verzweifelt. Nun war er mit seinen drei Söhnen allein auf dem Hof, und kümmerlich hielten sie ihn am Laufen. Der Jüngste, gerade mal zwanzig Jahre alt, übernahm die Führung des Haushalts, einer der Zwillinge das Melken, während der andere fütterte und ausmistete. Das lief alles ganz gut, weil draußen noch nichts zu tun war. Als es aber im Frühjahr mit der Feldarbeit losging, waren alle drei Buben voll im Einsatz. Daher blieb so manche Hausarbeit liegen. Mit Mühe und Not schaffte es der Jüngste, für vier hungrige Männer das Essen auf den Tisch zu bringen.

Eines Abends nach dem Nachtessen hielt der Vater eine kleine Ansprache an seine Söhne. »Es hilft alles nichts, Buben«, leitete er ein, »ihr gebt euch zwar die größte Mühe und seid auch sehr tüchtig. Aber eine reine Männerwirtschaft ist auf die Dauer nichts. Es muss wieder eine Frau ins Haus.«

Halb neugierig, halb betroffen schauten sie den Vater an. Schließlich ergriff der Jüngste das Wort: »Ja, Vater, ich habe mich schon mal vorsichtig nach einer Magd umgeschaut. Aber es ist keine zu finden. Die Leute haben nicht mehr so viele Dirndln wie früher, und die wenigen wandern lieber ab in die Stadt. Dort können sie ihr Brot leichter verdienen als auf dem Land.«

Da holte der Anton tief Luft und ließ den zweiten Teil seiner Rede folgen: »An eine Magd habe ich auch nicht gedacht. Ich weiß selbst, dass Mägde Mangelware sind. Inzwischen ist das ein aussterbender Beruf. Wenn ein Bauer noch eine Magd von früher hat, kann er sich glücklich schätzen, und die wird er so leicht nicht wieder hergeben. Wenn man überhaupt noch eine Frau auf einen Hof kriegen will, muss man ihr eine Einheirat bieten.«

Verdutzt blickten die Söhne ihren Vater an. »Ja, was schaut's denn so?«, fragte der nun seinerseits verwundert.

Endlich ergriff der ältere Zwilling das Wort: »Ja, Vater, hast dir etwa schon eine ausgeschaut?«

Da lachte der alte Bauer laut los. »Doch nicht ich! Mit meinen zweiundsiebzig Jahren bin ich viel zu alt, um noch mal auf Brautschau zu gehen. Außerdem bin ich dafür zu krank. Zudem würde ich höchstens eine Alte daherbringen. Was wir aber brauchen, ist eine junge Person, die tüchtig zupacken kann.« Da die Buben noch immer verständnislos schauten, fuhr der Bauer in seiner Rede fort: »Jetzt seid ihr an der Reihe. Ihr müsst nach einer Bäuerin Ausschau halten. Mit euren sechsundzwanzig Jahren«, dabei schaute er die Zwillinge an, »seid ihr alt genug, um in den Ehestand zu treten. Dem Ersten, der mir eine Hochzeiterin präsentiert, werde ich den Hof übergeben.«

Anscheinend hatte sich der jüngere Zwilling diesen Appell zu Herzen genommen – oder war er vorher schon heimlich auf Freiersfüßen gegangen? Jedenfalls stellte er seinem erfreuten Vater schon nach wenigen Monaten ein Mädchen vor, das gewillt war, in den Hof einzuheiraten. Sie machte auf den Vater den besten Eindruck, und so fand bereits im Spätherbst des Jahres 1962 die Hochzeit statt.

Ab da war es wieder ein ganz anderes Leben auf dem alten Hof. Jeder bewunderte die junge Bäuerin, dass sie den Mut aufgebracht hatte, als »Mitgift« nicht nur den kranken Schwiegervater zu übernehmen, sondern auch noch die beiden Brüder ihres Mannes. Nach einem Jahr kam dann das erste Enkelkind für Anton an, noch dazu ein Bub! Welch ein Glück! Der Opa war ganz narrisch vor Freude.

Nun hatte Evi, die Bäuerin, für fünf Mannsbilder zu sorgen. Aber nicht für lange Zeit. Wenige Wochen nach der Geburt seines Enkels wurde Großvater Anton von seinem Leiden erlöst, und der jüngere Schwager, mittlerweile zweiundzwanzig, wurde zu dem Hof gerufen, von dem seine Mutter, die Johanna, stammte. Nach dem Tod von Johannas Eltern hatten ein Bruder und eine Schwester von ihr diesen Hof übernommen. Beide hatten nie den passenden Partner gefunden, so waren sie ledig und kinderlos geblieben. Sie riefen also den Neffen ins Haus und freuten sich, in ihm eine junge Arbeitskraft zu haben. Sie hofften natürlich, dass dieser bald heiraten und den Hof mit jungem Leben erfüllen werde. Doch bevor sie das erlebten, schlossen sie die Augen für immer. Aber auch danach hat dieser Neffe nie geheiratet.

Der ältere Zwillingsbruder hat auch nie geheiratet. Er blieb als Knecht auf dem Hof. Zunächst gab es genug zu tun für zwei männliche Arbeitskräfte. Als aber mehr und mehr die landwirtschaftlichen Maschinen aufkamen, wurde der Bruder auf dem Hof überflüssig. Deshalb suchte er sich eine Arbeit in einer fünfzehn Kilometer entfernten Fabrik und brachte es dort sogar zum Facharbeiter. Da er sehr fleißig war und äußerst sparsam lebte, konnte er sich in der Nähe seiner Arbeitsstelle bald ein Haus kaufen. Das obere Stockwerk vermietete er und lebte selbst bescheiden im Erdgeschoss.

## Im Zweiten Weltkrieg

Am 1. September 1939 befanden sich mein Vater, mein Bruder und ich schon in aller Herrgottsfrühe bei unserer oberen Hütte, um Heu abzuladen. Es war ein spätes Heu in diesem Jahr, denn der August war ziemlich verregnet gewesen. Da kam plötzlich ein Mann auf uns zu. Es war der Gemeindediener Hausner, den mein Vater sehr schätzte.

»Ja Alois, was tust du denn schon so früh da heroben?«, fragte mein Vater leutselig.

Da legte der Hausner, noch ziemlich außer Atem, los: »Jetzt ham's an Krieag o'gfangt, die Saubärn! An Haufen Dode und Verwundete ham's scho. Auf Polen sind's eingrennt. Die Bus ham's furt zum Verwundete fahr'n. Jetzt hama's.«

Auf diese Weise erfuhren wir, dass der Zweite Weltkrieg ausgebrochen war. Schon bald wurden auch aus unserem Dorf und aus den umliegenden Gemeinden junge Männer eingezogen.

Obwohl der Kriegsschauplatz weit weg von uns war, bekam man doch einiges mit. Man hatte ja Radio und Zeitung, es kehrten Verwundete zurück, die von ihren Einsätzen berichteten, und bald gab es auch die eine oder andere Nachricht, dass einer der Unseren gefallen war. Auch erschienen bei uns schon bald polnische Kriegsgefangene, die den Höfen als landwirtschaftliche Helfer zugewiesen wurden, als Ersatz für die eingezogenen Söhne und Knechte.

Obwohl unser Knecht schon hatte einrücken müssen, nahm man uns eines Tages auch noch meinen Bruder einfach weg, als er siebzehn und schon eine volle Arbeitskraft war. Er wurde aber nicht zum Kriegseinsatz abkommandiert, sondern musste am Lichtmesstag 1941 zu einem großen Bauern, der wohl die richtigen Beziehungen hatte. Auf seinen Antrag hin wurde ihm unser Sepp als Knecht zugeteilt, und wir mussten zusehen, wie wir mit unserer Arbeit ohne ihn zurechtkamen.

Nachdem Hitler am 22. Juni 1941 in Russland einmarschiert war, waren bei uns alle Männer, die schon den Ersten Weltkrieg durchgestanden hatten, einhellig der Meinung, dass sich dieser Krieg nun für uns unmöglich gewinnen lasse. Sie sollten recht behalten – letztendlich aber vielleicht auch zum Glück für die Nachwelt.

Abgesehen davon, dass es damals noch keine Fernseher gab, hätte man auch keinen gebraucht. Denn schon kurz nach Kriegsbeginn geschahen die aufregendsten Dinge direkt in der Nachbarschaft oder nur einige Dörfer weiter, sodass man Gesprächsstoff in Hülle und Fülle hatte.

Da ist zum Beispiel die Geschichte vom Bauern Lenz zu nennen. Weil diese die Gemüter aller Menschen im ganzen Umkreis erregte, wurde sie auf allen Höfen der Umgebung durchgehechelt.

## Der Bauer Lenz

Der Lenz besaß einen der stattlichsten Bauernhöfe in der ganzen Gegend. Da sein Vater bereits unter der Erde lag, war er schon in jungen Jahren Bauer auf dem ererbten Einödhof geworden. Seine arme Mutter aber litt sehr unter dem Verhalten des Sohnes. Hinter vorgehaltener Hand erzählte man sich überall, der Lenz sei scharf auf Weiber und kein Rock vor ihm sicher. Keine Magd hielt es länger als ein paar Wochen auf dem Hof aus.

Beim Tanzen machte er sich an so manches brave Bauernmädchen heran. Das fühlte sich zunächst geehrt, denn der Lenz war eine verlockende Partie. Sobald sie aber merkte, dass der Bauer nur auf »das eine« aus war, zog sie sich schnell wieder zurück. Dennoch gab es eine Mutige, die glaubte wohl, ihr gelänge es, diesen wilden Stier zu zähmen. Im Mai 1940 gestand sie ihm, dass sie ein Kind von ihm erwarte, und verlangte, dass er sie heiraten solle.

Das mit dem Kind wollte er nicht auf sich sitzen lassen. Ihm schien es unmöglich, dass ein großer Bauer wie er ein lediges Kind hatte – und noch unmöglicher war es für ihn, die Tochter eines armen Bauern zu heiraten. Deshalb beriet er sich lange mit seiner Schwester, wie er sich aus der Affäre ziehen könne. Den beiden kam eine rettende Idee. Das Geschwisterpaar behauptete einfach, das Mädchen habe es mit einem Polen getrieben. Eine solche Beschuldigung war in der damaligen Zeit äußerst gefährlich. Für die denunzierte Person konnte sie das Todesurteil bedeuten. Es war nämlich strengstens verboten, sich mit einem der unterworfenen Feinde einzulassen.

Es dauerte auch gar nicht lange, da erschienen zwei Gendarmen auf dem elterlichen Hof dieses Mädchens, um sie zu verhaften. So sehr sie auch beteuerte, sie habe nie etwas mit einem Polen gehabt, ja, sie kenne noch nicht mal einen, wurde sie unter den neugierigen Augen der Nachbarn gewaltsam abgeführt und ins Gefängnis geworfen. Dort saß sie einige Wochen in Untersuchungshaft und wartete auf ihren Prozess. Noch ehe es zu diesem kam, meldete sich ein Polizist, der zu ihren Gunsten aussagte. Er gab zu Protokoll, dass es weit und breit keinen Polen gäbe, mit dem sie etwas gehabt haben könne. Daraufhin wurde sie entlassen.

Als ihr Bub geboren wurde, befand sich dessen Vater, also der Bauer Lenz, bereits im Russlandfeldzug. Dort muss es ihm so schlecht ergangen sein, dass er in sich ging. Er schrieb der jungen Mutter einen Brief, in welchem er die Vaterschaft anerkannte. *Sobald ich wieder zu Hause bin, sollten wir heiraten*, fügte er als Schlusswort hinzu.

Sie aber schrieb ihm als Antwort: *Jetzt will ich dich auch nicht mehr, da du mich, eine bis dahin unbescholtene Person, ins Gefängnis gebracht hast.*

Den Sohn lehnte sie von Anfang an ab. Nach der Entbindung, die im Hause ihrer verheirateten Schwester stattgefunden hatte, ließ sie ihn gleich dort und baute nie eine Beziehung zu ihm auf.

Der Polizist aber, der ihr seinerzeit durch seine Aussage vermutlich das Leben gerettet hatte, wusste, dass sie im Grunde genommen ein sehr anständiges

Mädchen war, und fleißig noch dazu. Nach dem Krieg trat er an sie heran und erzählte ihr, dass sein Bruder eine Frau suche. Der besäße einen Bauernhof und brauche für diesen eine tüchtige Bäuerin. Wenig später arrangierte er ein Treffen für die beiden. Sie gefielen einander, und so schritten sie schon bald zusammen zum Traualtar. Die zwei bekamen wohl noch einige gemeinsame Kinder, aber Näheres weiß ich nicht.

Was aber war mit dem Lenz?

Nachdem er ziemlich unverletzt vom Krieg zurückgekommen war, heiratete er eine mit Vermögen und bekam mit ihr vier Buben. Trotzdem konnte er es nicht lassen, nach anderen Weiberröcken zu schauen. Auf der Straße erblickte er ein Flüchtlingsmädchen, das ihm gefiel. Also stellte er sie als Magd ein. Alsbald hieß es, sie sei schwanger von ihm. Wenig später brannte die Scheune dieses Bauern ab, und das Flüchtlingsmädchen kam in den Flammen um. Die Versicherung kam für den Brandschaden auf. Im Dorf aber munkelte man, das Pärchen habe im Stroh geraucht. Weil sie schwanger gewesen sei, habe sie weggemusst. Gerüchte? Die Wahrheit? Wer kann es sagen?

## Die Hinrichtung

Eine andere Polengeschichte spielte sich in einer anderen Nachbargemeinde ab. Auch von dieser kam uns so manches zu Ohren. Hier gab es einen Bauern, dem man ebenfalls einen Polen zugewiesen hatte. Dieser Helfer muss ein ansehnlicher Bursche gewesen sein, deshalb suchte des Bauern Töchterlein immer wieder seine Nähe. Da die Tochter nicht übel aussah und der Pole kein Stück Holz war, sondern ein Mann aus Fleisch und Blut, wurden ihm diese Nachstellungen zu gefährlich. Er wusste wie jeder andere, dass darauf die Todesstrafe stand, wenn man mit einer Deutschen anbandelte.

Um Ruhe vor dem Mädchen zu haben und der Gefahr aus dem Wege zu gehen, verließ er nach Arbeitsschluss Abend für Abend den Hof »seines Herrn« und begab sich zu seinen polnischen Freunden, die auf anderen Höfen Zwangsarbeit leisteten.

Nach einiger Zeit wurde das der Bauerntochter zu dumm. Als Rache dafür, dass sie verschmäht wurde, begab sie sich zum Zellenleiter, einem höheren Parteimitglied, und beschwerte sich, dass der Pole jeden Abend weggehe. Aufgrund dieser Beschwerde geschah jedoch nichts. Der Leiter war klug genug, zu durchschauen, dass diese Anzeige wohl nur der Racheakt einer verschmähten Jungfer war.

Da in dieser Sache also mehrere Wochen lang nichts geschah, sah sich die Bauerntochter genötigt, ein zweites Mal beim Zellenleiter vorzusprechen. Dieser erkannte wohl, dass nun etwas geschehen müsse, damit er nicht selbst eines Tages etwas auf den Deckel bekam. Mit einem anderen Parteimenschen machte er sich auf die Suche nach dem angezeigten Polen. Diesen fanden sie tatsächlich fernab von dem ihm zugewiesenen Hof bei Freunden. Dieser Tatbestand genügte, um ihn abzuführen, er wurde umgehend eingekerkert.

Womit die Bauerntochter aber nicht gerechnet hatte: Der Schuss ging auch nach hinten los. Sie wurde ebenfalls verhaftet und in ein KZ gebracht. Dort wurde ihr der Kopf kahl geschoren, und auch sonst muss es ihr schlimm ergangen sein. Zumindest blieb ihr dort Zeit genug, darüber nachzudenken, dass es besser gewesen wäre, den Mund zu halten.

Nachdem der Pole einige Wochen in Haft gesessen hatte, beobachteten die Dorfbewohner, dass auf einer Anhöhe unweit des Dorfes Menschen umhergingen, als seien sie auf der Suche nach etwas. Einige Tage später, an einem herrlichen Sommertag 1941, mussten die Gemeindediener der umliegenden Dörfer alle polnischen Zwangsarbeiter aus dem ganzen Umkreis auf dieser Bergkuppe zusammenführen.

Wenig später fuhr ein Lkw vor. Auf seiner Ladefläche befand sich ein Galgen, diesen baute man sehr sorgfältig auf. Kaum war das geschehen, fuhr ein Polizeiauto vor, aus dem man einen Menschen herauszerrte: Es war niemand anderer als der Pole, den die Bauerntochter angezeigt hatte. Vor versammelter Mannschaft las ihm ein Parteibonze das Urteil vor, dann musste der Pole auf einen Stuhl steigen, den man eigens unter den Galgen gestellt hatte. Ein anderer Parteigenosse stieg ebenfalls auf den Stuhl und legte dem Verurteilten den Strick, der vom Galgen herabhing, um den Hals. Der Parteimensch sprang ab, und sogleich riss ein anderer von der braunen Sorte den Stuhl weg.

Nicht nur, dass alle Polen, die man hier zusammengetrieben hatte, gezwungen waren, sich dieses

Schauspiel anzusehen, man trieb sie auch alle noch an ihrem baumelnden Landsmann vorbei, zur Abschreckung. Man kann sich vorstellen, dass sie den Heimweg mit hängenden Köpfen zurücklegten und von Trauer und Wut erfüllt waren. Kein Wunder, dass sich bei diesen Kriegsgefangenen, die sich bisher in ihr Schicksal gefügt hatten und ihrer Arbeit treu und brav nachgegangen waren, ein Hass auf alle Deutschen entwickelte.

Die Bauerntochter hatte mehr Glück gehabt als der Pole. Nach Kriegsende kam sie aus dem KZ frei. Fernab von ihrem Heimatdorf, suchte sie sich eine Arbeit und eine Bleibe. Niemanden wunderte es, dass sie sich nach dieser Geschichte nicht mehr in ihr Dorf zurücktraute.

Es ist noch gar nicht lange her, da hat der Besitzer des Grundstückes, auf dem die Hinrichtung des Polen stattgefunden hatte, ein Denkmal aufstellen lassen.

## Die Beschuldigung

Während wir zur obigen Tragödie durch meine Schwester Ottilie ausführlich Kenntnis erhielten, da sie in jener Zeit in dem bewussten Dorf bei einem Bauern in Diensten stand, erfuhren wir von dem nächsten Drama durch meinen Bruder Sepp. Denn der arbeitete just in dem Haus, als es seinen Anfang nahm. Wie wir wissen, musste er dort seinen Dienst am 2. Februar 1941 antreten. Am Heiligen Abend desselben Jahres trug sich dort folgende unschöne Geschichte zu:

Die ganze Familie war zur Christmette gegangen, mein Bruder mit ihnen. Aus Sicherheitsgründen fand die Messe bereits um vier Uhr am Nachmittag statt. Denn wäre sie – wie bisher – in der Nacht gewesen, hätten die Mettebesucher mit ihren Laternen eine erstklassige Zielscheibe für die Bomber abgegeben.

Nur die Tochter des Hauses, Klara, war daheimgeblieben, und der polnische Zwangsarbeiter ebenfalls. Sie hatten den Auftrag, gemeinsam die Stallarbeit zu erledigen. Danach muss sich folgende Szene abgespielt haben: Um sich vom Geruch und vom Dreck des Stalles zu befreien, wusch sich der Pole am Spülbecken in der Küche. Den Luxus eines Bades kannte man damals noch kaum auf einem Bauernhof.

Da der junge Mann sein Hemd abgelegt hatte und ein gut gebauter Oberkörper sichtbar wurde, gab die Klara ihrer Bewunderung unverhohlen Ausdruck. Das muss der junge Mann für eine Aufforderung gehalten haben. Er drehte sich um, packte die Bauerntochter und griff ihr unter den Rock. Das Mädchen schrie wie am Spieß und schlug wild um sich, deshalb ließ der Pole sofort erschrocken von ihr ab. Im selben Moment betraten die Kirchenbesucher das Haus, und so bekam auch mein Bruder das Geschrei und Gezeter der Bauerntochter mit.

Obwohl nicht wirklich etwas passiert war, zeigte die Klara den Polen wegen versuchter Vergewaltigung an. Es kam zu einer Verhandlung vor dem Amtsgericht Mühldorf. Der junge Mann wurde zu sieben Jahren verschärftem Kerker verurteilt, dagegen legte er Berufung ein. Das hätte er besser nicht getan, denn nun ging die Sache vor das Landgericht München. Dadurch wurde ich gewissermaßen in die Sache mit hineingezogen.

Denn eines Abends im Juni 1942 stand plötzlich ein Gendarm in unserer Küche. Er wolle den Josef Edelhofer junior sprechen.

»Den haben's doch schon im Mai eingezogen«, antwortete der Vater.

»Und wohin, bittschön?«, fragte der Gendarm.

»Ja, nach Augsburg hat er müssen, zur Ari-Ausbildung.«

»Kannst mir die Adresse geben?«

»Das könnt ich schon, aber das wird dir nichts nützen. Seine Kompanie ist mittlerweile nach Frankreich geschickt worden.«

»Das ist wirklich zu weit. Von dort werden sie ihn nicht anreisen lassen«, meinte der Polizist bedauernd.

Um was es denn gehe, wollte nun der Vater wissen. Da erzählte uns der Gesetzeshüter die Geschichte von der versuchten Vergewaltigung.

»Und was hat mein Bub damit zu tun?«, hakte der Vater nach.

»Der Bauer meint, weil dein Bub zu der fraglichen Zeit bei ihm als Knecht gearbeitet hat, könne der vielleicht sachdienliche Angaben machen.«

Nun hatte mir mein Bruder, mit dem ich mich immer sehr gut verstand, alles haarklein erzählt, was er von dem Fall mitbekommen hatte. Das sagte ich dem Gendarmen. Der muss das dann dem Bauern mitgeteilt haben. Jedenfalls bat mich der Bauer, mit ihm und seiner Tochter an der Verhandlung in München teilzunehmen. Das war mir nicht gerade unangenehm, denn ich war brennend daran interessiert, wie der Fall weiterging.

Als mein Bruder seine Einberufung bekommen hatte, hatte er mir sogar anvertraut, er sei froh, dass er da wegkomme. Denn seit der leidigen Geschichte wäre es dort kein gutes Arbeiten mehr gewesen. Das verriet ich dem Bauern aber nicht. Nach einer angenehmen Bahnfahrt betrat ich, ehrfürchtig staunend, mit meiner Begleitung den mächtigen Justizpalast.

So viel, wie ich mir erhofft hatte, schnappte ich dann doch nicht auf. Meine Meinung war dort gar nicht gefragt, und was der Beschuldigte und die Klägerin aussagten, bekam ich auch nicht mit. Denn bevor diese zu dem Anklagepunkt befragt wurden, musste ich den Gerichtssaal verlassen – mit mir der Bauer und ein paar Schaulustige, die sich ja bei jedem Prozess einfinden.

Als wir endlich wieder hineingerufen wurden, erging bereits das Urteil. Alle mussten sich erheben, als der vorsitzende Richter es verlas: »Im Namen des Deutschen Volkes verurteilen wir den Polen Pawel M. zum Tod durch den Strang. Urteilsbegründung: Der Angeklagte hat seine Finger für mehrere Sekunden auf dem Geschlechtsteil der Deutschen gehabt.«

So war das damals. Die Nazibonzen gingen sehr leichtfertig mit Menschenleben um. Es schien ihnen geradezu Freude zu machen, selbst aus nichtigen Anlässen Todesurteile auszusprechen.

## Der Busfahrer

Auch über das Schicksal von Juden habe ich bereits im Alter von sechzehn Jahren etwas mitbekommen. Es muss im Winter 1941/42 gewesen sein, meine Mutter kam an einem Werktag von der Kirche nach Hause. Ganz aufgeregt erzählte sie meinem Vater und mir eine schier unglaubliche Geschichte.

Nach dem Gottesdienst hatte sie mit der Mutter eines jungen Soldaten gesprochen, der auf Heimaturlaub war. In größter Besorgnis hatte die Frau meiner Mutter anvertraut: »Ich weiß nicht, was mit unserem Buben werden soll. Ich habe die größte Angst um ihn. Nach seinem Urlaub will er absolut nicht mehr zu seiner Einheit zurück.«

»Ja, und warum nicht?«, hatte meine Mutter arglos gefragt.

»Stell dir vor, er muss in einem Bus Juden abtransportieren, offiziell. In Wirklichkeit werden diese während der Fahrt vergast, indem man die Abgase des Motors ins Wageninnere leitet.«

»Ja, wenn man die Abgase in den Wagen leitet, wird dann der Fahrer nicht gleich mit vergast?«, hatte meine Mutter gefragt.

»Nein«, hatte die Bäuerin geantwortet. »Der Fahrer sitzt in einer abgetrennten Kabine, in die das Gas nicht eindringen kann. Aber für meinen Sohn ist das so furchtbar, dass er das nicht mehr länger erträgt. Die Schreie der langsam erstickenden Menschen verfolgen ihn bis in den Schlaf. ›Aber Bub, wenn du dich weigerst, zu deiner Einheit zurückzukehren, werden sie dich umbringen. Die machen nicht lange

Federlesens‹, habe ich ihn eindringlich gewarnt. Was meinst, was er darauf geantwortet hat? – ›Lieber lass ich mich in die vorderste Kampflinie schicken, wo mich bald eine Kugel erwischt. Oder sie sollen mich gleich an die Wand stellen, als dass ich weiterhin deren Tötungswerkzeug bin!‹, waren seine Worte.«

## Dem Tod nahe

Am Neujahrstag 1943 übergab mir unser Postbote vor der Kirche einen Einschreibebrief. Er enthielt meine Einberufung zum RAD, dem Reichsarbeitsdienst. Befehlsgemäß begab ich mich am 13. Januar 1943 nach Rohrbach in der Holledau (dem größten zusammenhängenden Hopfenanbaugebiet der Welt). Dort hatten wir nicht wirklich zu arbeiten, wie ich das von einem Arbeitsdienst erwartet hatte. Außer dass wir das Flüsschen Ilm regulieren mussten, war das einzig Nützliche, was wir da taten, ab und zu in den Wald zu gehen und von dem dort aufgeschichteten Holz zu holen, damit wir unsere Baracke beheizen konnten.

Der Rest in Rohrbach war nur Drill und Schikane, also eine Art militärische Ausbildung. Normales Gehen war im ganzen Lager verboten, jeder Weg musste im Laufschritt zurückgelegt werden. Tagsüber wurde man gedrillt, und abends hatte man sich die verlogenen Reden über den Führer und die angeblich errungenen Siege über den Feind anzuhören. Darauf will ich gar nicht näher eingehen.

Anfang März sollte unsere ganze RAD-Abteilung nach Frankreich verlegt werden, damit wir beim Ausbau des Atlantikwalls halfen. Doch ich hatte Glück. Einen Tag, bevor die Reise losging, schickte man mich ins Krankenhaus. Durch das viele Laufen war mein Fuß ganz blau geworden, und am Vorderfuß hatte sich ein Furunkel gebildet. Der Transport fuhr also ohne mich los.

Nach zwei Wochen war der Fuß wieder in Ordnung. Da schickte mich die Gauleitung direkt vom Krankenhaus aus nach Gauting und von dort nach Murnau, wo ich zehn Wochen blieb. Es folgten zwei Wochen Schleißheim bei München und sechs Wochen Unterjoch im Allgäu. Das Ganze schimpfte sich Wachkommando.

Selten habe ich mich so gelangweilt wie in diesen Wochen. Angeblich dienten sie unserer Wehrertüchtigung. Davon merkte man aber wenig, außer dass man wieder mal ein paar politische Reden über sich ergehen lassen musste und morgens eine Art Schießübung zu absolvieren hatte. Diese machte man aber nicht mit Gewehren, sondern mit Spaten. Jeden Morgen die gleiche Leier. Um acht mussten wir in Reih und Glied antreten, den Spaten geschultert. Dann marschierten wir ein kürzeres oder längeres Stück.

Plötzlich hieß es: »Stillgestanden!«, »In einer Reihe ausrichten!«, dann hagelten von unserem Gruppenführer weitere Kommandos auf uns ein: »Gewehr ab! Achtung! Legt an! Feuer!«. Wenn wir »unser Pulver verschossen« hatten, hieß es: »Feuer einstellen! Gewehr ab! Gewehr über! Formation aufnehmen! Stillgestanden! Gleichschritt Marsch! Links, zwo, drei, vier!«.

Dieses Spielchen konnte sich stundenlang wiederholen. Armes Deutschland, dachte ich, hoffentlich ist der Krieg aus, ehe es für uns ernst wird. Denn wenn wir dem Feind wirklich gegenüberstehen, werden wir den Abzug beim Gewehr gar nicht finden.

Im Übrigen bestand unsere Hauptaufgabe darin, das Lager zu erhalten. Bei unserem Eintreffen befanden sich die Holzbaracken in ziemlich heruntergekommenem Zustand. Wir reparierten die Dächer, legten neue Fußböden oder strichen Fensterrahmen. Bei einer solchen Gelegenheit geriet ich in einen Raum, in dem ein Haufen Bücher in einer Ecke lagen. Da ich mit dem Streichen schnell fertig war, steckte ich meine Nase in die Bände, in der Hoffnung, eine interessante Lektüre für die langweiligen Abende zu finden. Angewidert legte ich ein Werk nach dem andern wieder weg. In allen – ausnahmslos – wurde gegen die Kirche gehetzt.

Manchmal forderte auch die Köchin einige von uns für die Küche an. Das schien mir noch die angenehmste Seite von diesem Aufenthalt. Dort musste ich dann Berge von Kartoffeln schälen, mal den Tisch decken, Geschirr spülen oder auch den Boden wischen.

Obwohl wir junge unerfahrene Burschen waren, kamen wir bald dahinter, dass diese sogenannten »Ausbildungsstätten« nur von Drückebergern geleitet wurden. Diese Leute verstanden es, ihren Vorgesetzten vorzumachen, wie wichtig sie seien. Da sie ja die »verantwortungsvolle Aufgabe« hatten, den Nachwuchs für die Kriegsschauplätze auszubilden, konnten sie sich selbst von diesen fernhalten.

Einer unserer Arbeitsführer aber war ein feiner Kerl, noch ein normaler Mensch. Einmal, als alle seine Kollegen außer Hörweite waren, sagte er zu uns: »Jungs, ich weiß nicht mehr, was ich euch noch tun lassen soll, und zu Hause würdet ihr dringend gebraucht.«

Ende Juli ging es dann zum RAD-Lager nach Dachau, wo wir in einer stillgelegten Papierfabrik untergebracht wurden. Dort wurde am Vormittag auch wieder exerziert, mit Spaten. Am Nachmittag durften wir bei gutem Wetter in der gestauten Amper zum Schwimmen. Anfang August durfte ich diese verhasste »Nazischule« endlich verlassen und für ein paar Tage nach Hause. Was für eine Freude! Denn zufällig weilte mein Bruder zur selben Zeit auf Heimaturlaub. Er kam gerade vom Mittelabschnitt der russischen Front, und was er berichtete, war nichts Gutes. Es widersprach so ziemlich dem, was uns im Radio und in den Zeitungen immer vorgegaukelt wurde. Zu diesem Zeitpunkt ahnte schon jeder vernünftige Mensch, dass der Krieg verloren war und die jungen Männer nur verheizt wurden. Genau zwei Tage und eine Nacht waren mein Bruder und ich beisammen, dann musste er wieder an die Front zurück. Das war das letzte Mal, dass ich ihn sehen sollte.

Noch keine drei Wochen später, am 26. August 1943, erhielt ich meine Einberufung zur Infanterie nach Traunstein – ich, ein Kerlchen von achtzehn Jahren. Nach vier Wochen Kurzausbildung ging es ab nach Osten, nach neun Tagen Bahnfahrt durchlebte ich die erste Nacht auf russischem Boden. Es war in Chersson auf einem Friedhof. Was ich in den folgenden Tagen an Schikanen und Brutalitäten gesehen habe, die man Menschen grundlos antat, will ich gar nicht beschreiben, auch nicht, was wir alles an Strapazen und Entbehrungen auf uns nehmen mussten ...

*Meinen ersten Kampfeinsatz erlebe ich am Brückenkopf Nowa Odessa. Es folgt ein grauenhaftes Erlebnis dem anderen. Unsere Verluste an Waffen und Männern sind enorm, doch niemand bläst zum Rückzug. Der Wahnsinn geht unermüdlich weiter. Oft kommen wir vierundzwanzig Stunden nicht zum Schlafen, oft haben wir vierundzwanzig Stunden nichts im Magen. Wie will man mit solch ausgelaugten Soldaten, die noch dazu halbe Kinder sind, einen Krieg gewinnen?*

Als wir nur noch neun Mann sind und der Iwan überall lauert, gibt der Feldwebel endlich den Befehl zum Rückzug. Zwei von unserem kleinen Haufen können bald nicht mehr marschieren, wir müssen sie im Dreck liegen lassen. Zwei Namen mehr auf der Vermisstenliste.

Nach einigen Tagen erreichen wir endlich eine von unseren Stellungen. Der Leutnant, unser ehemaliger Kompanieführer, ist überrascht, als er in den wandernden Dreckfiguren Soldaten der Großdeutschen Wehrmacht erkennt. Noch überraschter ist er, als er uns sieben Männer wiedererkennt. Man hatte uns längst aufgegeben.

Auch von anderswo waren Übriggebliebene von einstigen Kampfgruppen in diesem Lager eingetroffen.

Endlich bleibt uns allen mal ein Tag, um uns, unsere Uniformen und unsere Waffen zu waschen. Auch können wir uns endlich mal wieder satt essen und eine ganze Nacht lang schlafen. Anderntags wird aus uns versprengten Teilen aber schon wieder eine neue Kampftruppe zusammengestellt, und neue Aufgaben erwarten uns. Auch Simmerl und Anderl sind dabei, die ich schon seit einiger Zeit kenne.

Erneut verlieren wir unsere Kompanie, erneut werden wir mit anderen zu neuen Kampfeinheiten zusammengewürfelt. Erneut geht es zur HKL (der Hauptkampflinie). Erneut große Verluste in unseren Reihen, erneut Rückzug der Übriggebliebenen. Wieder und wieder das Kampfgeschrei der Russen, dieses nervtötende »Uräää! Uräää!« in den Ohren. Es ist zum Verzweifeln. Wir haben keine Fahrzeuge mehr, keinen Sprit, keine Waffen, kein Essen. Unser Rückzug gleicht einer wilden Flucht. Was heißt hier *wild*? Mit unseren lädierten Gliedmaßen können wir uns nur äußerst langsam zurückziehen. Lediglich unser eiserner Überlebenswille gibt dem Simmerl und mir die Kraft, uns weiterhin rückwärts hinauszukämpfen. Den Anderl haben wir schon vor Wochen verloren, weil er aufgrund seiner erfrorenen Füße nicht mehr hatte marschieren können.

Wieder mache ich einen großen Sprung in der Geschichte. Ein schöner Maitag geht zu Ende. Seit zwei Tagen liegen wir im Erlenwald der Flussniederung, gut gegen Flieger und Ari-Beobachter gedeckt. Wenn wir nicht alle in Uniform wären, würde man nicht mehr an Krieg denken. Doch jeder von uns weiß, es geht ums nackte Überleben. Dennoch gehen uns ganz banale Gedanken durch den Kopf: Hoffentlich gibt es was zu essen. Wo kann man das Kochgeschirr, wo sich selbst waschen?

Welch ein Glück, wir finden einen kleinen Bach, der vermutlich in den Dnjestr mündet. Also gleich Oberkörper frei gemacht und tüchtig geschrubbt. Plötzlich ein Schrei: »Alles zum Kompanie-Chef!«

Ein Obergefreiter klärt uns auf: »Also passt auf! Wir halten am Dnjestr die Stellung, kein Meter Boden wird mehr aufgegeben! Wir werfen den Iwan aus dem Brückenkopf! Angriffsbeginn heute Nacht um zwei Uhr. Diese Kerle überraschen wir. Auch sind wir nicht allein, wir haben zwei Sturmgeschütze!«

Zwei Sturmgeschütze! Lächerlich! Dieser Nazi glaubt noch immer an einen Sieg von uns. Lächerlich! Wir haben die Russen doch drei Wochen lang beim Brückenbau zugesehen. Was da alles angerollt kam an Waffen, an Munition! Massenweise Infanterie, Lastwagen, Geschütze, Granatwerfer, Panzer, dazu jede Menge kleine Waffen. Und gegen die sollen wir anrennen? Wir kleiner Haufen aus zusammengewürfelten, ungenügend ausgebildeten Landsern? Mit zwei Sturmgeschützen? – Reiner Selbstmord!

Vermutlich arbeitet ja einer unserer Offiziere auf eine Auszeichnung hin.

Es prasseln weitere Befehle auf uns ein: »Ausrüstung ergänzen! Jeder einen Stahlhelm tragen! Munition fassen! Verbandspäckchen in Empfang nehmen! MG-Munition abholen!«

Bei Einbruch der Dunkelheit ziehen wir zur Bereitstellung. Ich bin ganz schön bepackt: Gewehr, hundertzwanzig Schuss Munition, zwei Meter MG-Gurt, ein Kasten MG-Munition, zwei Eier- und zwei Stielhandgranaten. Sogar meine Feldflasche ist gut gefüllt: mit Tee und Rum. So was war ja noch nie da. Was da auf einmal für einen kleinen Landser ausgegeben wird!

So stapfen wir stundenlang dahin, bis man uns zur vorgesehenen Stelle einweist. Wir kommen zu früh an, also hocken wir uns in die vorgefundenen Löcher. Ein paar Meter hinter uns feuern die Nebelwerfer ein paar Salven in Richtung Gegner ab. Fast lautlos zischen die vielen Geschosse über uns hinweg. Hundemüde sitze ich in meinem Erdloch und denke über das bevorstehende Unternehmen nach: Wie viele von uns werden überleben? Wie wird es mir selbst ergehen? Ich bete zu meinem Schöpfer und Erlöser alle mir noch bekannten Gebete. Nur Er kann mich erhalten! Unsere Führung wird uns, wenn es gleich losgeht, gnadenlos verheizen. Das wissen wir alle. Keiner spricht ein Wort. Alle dösen vor sich hin.

Plötzlich wird es lebendig. Klausner, unser Gruppenführer, ruft: »Zwei Uhr, auf, marsch, marsch!«

Ich nehme das Gerät auf, schon geht es vorwärts. Eine flache Gegend. Ein Stoppelfeld vom vorigen Jahr ist unser Terrain. In Schützenkette, also weit auseinandergezogen, stolpern wir voran. Auf einmal schlägt eine Salve Phosphorgranaten in unsere Reihen. Ich sehe, wie das brennende Zeug meine Kameraden trifft, wie sie zu brennen anfangen. Ich höre fürchterliches Schreien, sehe, wie sie fallen.

Klausner schreit: »Weiter! Nicht aufhalten lassen! Wer nicht sofort weitergeht, dem schieß ich ins Kreuz!«

Also weiter. Vor uns ein Grabensystem – was ist das? Mit entsichertem Gewehr arbeiten wir uns vorsichtig ran. Erleichtert stellen wir fest: Niemand da! Es war eine verlassene deutsche Stellung. Schnell drüber und weiter. Kein Schuss fällt. Alles ruhig. Da kann doch was nicht stimmen.

Mit einem Mal ein fürchterliches Krachen, Pfeifen, Surren von Splittern, Granateinschläge, Explosionen aller Kaliber. Wir sind in eine Falle geraten! Der Iwan hat uns schon erwartet. Ich werfe mich schnell hin. Den Munitionskasten benutze ich als Deckung für meinen Kopf. Das Gewehr ist schussbereit.

Da stürzt ein Mann neben mir zu Boden. Er schreit: »Mich hat's erwischt!« Er hat ein Loch in der Brust. Mit letzter Kraft flüstert er mir zu: »Gib durch: Leutnant Geisser verwundet. Feldwebel Appel muss die Kompanie übernehmen.«

Im nächsten Moment ruft Klausner: »Bist du noch ganz?«

Ich: »Ja.«

Er: »Komm rüber, MG übernehmen!«

Ich: »Damit bin ich schlecht ausgebildet. Wo sind die andern?«

Er: »Alle ausgefallen. Also los!«

Ich mache einen Sprung nach rechts zum MG. Wie liegt denn das da? Was unten sein soll, reckt sich gen Himmel. Den Schützen muss es ganz schrecklich erwischt haben. Mühsam trenne ich

Mann und MG, entferne die meiste Erde von der Waffe, bringe den Gurt wieder in die richtige Lage.

Schon schreit der Gruppenführer: »MG vor!«

Der Spinner will den Krieg noch gewinnen! Ich packe das MG beim Tragriemen und mache einen Sprung nach vorn. Nach ein paar Metern ein Pfeifen, ein Schlag an meiner linken Seite, sogleich lasse ich mich fallen. Im Oberarm und in der Hüfte ein furchtbares Brennen. Jetzt hat es mich also auch erwischt. Die Schmerzen werden zusehends schlimmer. In meiner Not schreie ich: »Sani! Sani!«

Doch als einzige Antwort höre ich überall das Krachen von Einschlägen. Was soll aus mir werden?

Nach langem, schmerzvollem Warten kriecht endlich ein Sanitäter herbei. »Was fehlt dir?« Ich erkläre es ihm.

»Im Moment kann ich nichts machen. Bleib ruhig liegen. Irgendwann kommst du schon weg.« Darauf kriecht er weiter. Ich stöhne leise vor mich hin. Obwohl die Schmerzen etwas nachlassen, ist es kaum auszuhalten.

Nach einer Weile regt sich mein soldatisches Gewissen – oder ist es der Selbsterhaltungstrieb? Jedenfalls mache ich mich an dem MG zu schaffen. Trotz meiner Verwundung und trotz des schrecklichen Brennens in Oberarm und Hüfte richte ich es wieder her, damit es einsatzbereit ist. Denn ich fürchte, dass der Gegner gleich zum nächsten Schlag ausholt.

Mit einem Mal fällt mir auf, dass es unheimlich ruhig bei uns ist. Zu ruhig! Außer den Einschlägen und dem Pfeifen der russischen Geschosse rührt sich nichts. Kein Befehl, kein Schuss, kein Schreien nach dem Sanitäter. Was ist mit meinen Kameraden?

Viel Zeit bleibt mir nicht zum Denken. Schon trifft mich ein furchtbarer Schlag, als ob eine Granate auf meinen Körper gefallen wäre. Ich fühle mich wie halb erschlagen, meine ganze linke Seite scheint aufgerissen zu sein. Warm läuft das Blut über Oberkörper und Schulter. Gleichzeitig setzen grausame Schmerzen ein, wesentlich schlimmer als die vorhergehenden. Resignierend denke ich: *Jetzt brauchst du keinen Sanitäter mehr.* Und schon wird mir schwarz vor Augen. Trotzdem arbeiten meine Gedanken weiter: Das ist also der Heldentod, von dem die Nazis oft und oft geredet haben: *Es gibt keinen schöneren Tod als den auf dem Felde der Ehre. – Wo sind sie denn, die braunen Brüder? Sie sind daheim und reden vom Sieg, wo längst alles verloren ist.*

Danach muss ich kurz in die Bewusstlosigkeit hinabgesunken sein.

Als ich wieder zu mir komme, liege ich allein und verlassen da. Mir ist schweinekalt. Der Rücken schmerzt mir vor Kälte. Ohne Verwundung, so überlege ich, würde ich auch sterben, nämlich erfrieren. Gleich werde ich die Welt verlassen müssen. Meine Gedanken wandern zu Gott, dem ewigen Richter. Das Ergebnis davon ist, dass meine Angst noch zunimmt. Also beten. Aber, oh Schreck, mir fällt nichts ein! Was soll ich machen in der kurzen, mir noch verbleibenden Zeit? Noch immer sickert Blut aus den Wunden. Bald schon werde ich von dieser Welt abtreten, werde mit anderen Kameraden in ein Loch geworfen – und aus. In einem fremden Land werde ich dahinmodern, und meine Eltern werden nie erfahren, wo ich geblieben bin.

Ich will, ich muss beten! Nichts kommt in meinen Kopf. Kein einziges Gebet will mir einfallen. Auf einmal kommt mir ein Gedanke: *Heilige Maria, hilf mir beten!*

Dann wieder diese Leere im Gehirn.

Was hat uns der Pfarrer in der Schule gesagt? – Stoßgebete!

*Jesus, Maria und Josef.*

*Heilige Marie bitte für mich, jetzt in der Stunde meines Todes. Amen.*

*Mein Jesus Barmherzigkeit!*

*Alles für dich, heiligstes Herz Jesu, und nach deiner Meinung.*

*Heilige Maria, bitte du, dass ich bei Gott im Himmel angenommen werde.*

Die Angst vor dem Sterben hat nachgelassen, weil ich beten kann. Das Nicht-Beten-Können war viel schlimmer gewesen als die tödlichen Wunden und Schmerzen. Langsam geht es dem Ende zu. Die Sicht ist weg, alles ist dunkel. Die Luft wird knapp. Lange mach ich's nicht mehr. Ob es um mich herum noch lebende Kameraden gibt? Man hört keinen menschlichen Laut. Der Iwan kann mir nichts mehr anhaben. Drum wage ich mit letzter Luft einen Schrei: »Grüßt mir die Eltern und Kameraden!«

Unmittelbar hinter mir fragt einer: »Was hast du?«

»Bei mir ist es aus«, stöhne ich. Dann wird es Nacht um mich. Keine Schmerzen, kein Beschuss, kein Flieger, kein Befehl, nichts stört meinen Schlaf.

Mit einem Mal merke ich, dass ich noch lebe. Teilweise liege ich auf der Erde, teilweise bin ich schon darunter, da mich die Granateneinschläge mit Erde überschüttet haben. Alles ist nass, schmierig und warm. Meine gesunde Hand ziehe ich aus dem Erdreich und betaste mein Genick. Auch da spüre ich Blut. Ich erinnere mich: Genau wie bei Unteroffizier Kleinert, den wir vor sechs Tagen begraben haben. Somit habe ich auf keinen Fall eine Überlebensmöglichkeit. Dazu die grausamen Schmerzen.

Dem Sonnenstand nach kann es Mittag sein. Es ist ein schöner heißer Maitag. Ich aber kann mich vor Schmerzen nicht rühren. Meine Lage ist total unbequem, noch immer liege ich mit dem Bauch auf meinen Stielhandgranaten. Ich beiße die Zähne zusammen, werfe mich mit einem Ruck auf den Rücken und mache das Koppel auf. Das ist nicht unbeobachtet geblieben. Haarscharf pfeift ein russisches Geschoss über meinen Bauch hinweg. Also ist es gescheiter, sich weiterhin tot zu stellen.

Nach endlos langer Zeit frage ich den Kameraden, der hinter mir liegt: »Hast du eine Uhr?«

»Ja, eine Taschenuhr.«

»Dann sag mir doch mal, wie spät es ist«, bitte ich ihn.

»Nein, das ist mir zu gefährlich.«

»Ah, geh, was soll daran gefährlich sein?«

»Wozu musst du das denn wissen?«, fragt der andere.

»Wenn es nicht bald Nacht wird und ich wegkomme, halt ich es nicht mehr aus.«

»Du musst durchhalten«, sagt der Kamerad. »Ich wage nicht, mich zu bewegen.«

»Um auf die Uhr zu schauen, musst du dich doch nicht groß bewegen.«

Da ich ihn so bedränge, gibt er schließlich nach. Doch in dem Moment, als er die Uhr aus der Tasche zieht, fällt ein Schuss, und der Kamerad hat ein Loch mitten in der Hand. Der Gegner beobachtet also immer noch genau, ob bei uns einer lebt. Es tut mir furchtbar leid, dass ich den Kameraden in eine solche Situation gebracht habe, aber das nützt ihm auch nichts.

Nach einer Weile versuche ich, eines meiner Beine anzuziehen. Da kracht ein Schuss neben dem Fuß in den Boden.

Uns bleibt also nichts anderes übrig, als völlig bewegungslos liegen zu bleiben. Da sich mein Befinden nicht verschlechtert, wächst in mir ein klein wenig Hoffnung auf ein Überleben. Doch je länger ich nicht gefunden werde, desto geringer werden meine Aussichten wieder. So vergeht Stunde um Stunde. Über uns sind zeitweise so viele russische Flugzeuge, dass man kaum noch die Sonne sieht. Vom Flugzeug aus schießen die Russen auf alles, was sich bewegt. Nun ist mir klar, warum von unseren rückwärtigen Leuten niemand zu Hilfe kommt. Es wäre für sie lebensgefährlich, sich in unsere Richtung zu wagen.

Wir liegen nur zwölf Meter von der russischen Stellung entfernt, verwundet, durstig, hungrig, hilflos. Auf einmal erinnert sich mein Kamerad: »Heute Nachmittag um vier wollten doch unsere Stukas angreifen.«

»Dann werden wir schon wegkommen«, äußere ich optimistisch. Doch gleich schleichen sich wieder Bedenken ein: Ob ich es noch so lange aushalte, ohne Verband, ohne Essen, ohne Trinken?

Und da: Auf einmal hört man Flugzeuge, andere als bisher. Die Sturzkampfbomber kommen! Schon kippt der erste ab, er kommt genau auf uns zu. Jetzt löst er die Bombe aus. Diese fliegt noch schräg mit dem Flugzeug mit und kracht kurz vor uns in den Boden. Ein furchtbarer Krach, Erdreich fliegt in die Luft. Ein Krater im Boden, in den man ein Haus stellen könnte. Schon kommen die nächsten Stukas.

Etwas hat mich im Gesicht getroffen. Blut rinnt mir ins Auge – kein Wunder, der Einschlag war nur wenige Meter entfernt. Schnell den Stahlhelm aufs Gesicht, denn ich liege noch immer auf dem Rücken. Bei den nächsten Bombeneinschlägen scheppern die Steinbrocken gegen den Stahlhelm.

Später stellte man bei mir einen Nasenbeinbruch fest. Behandelt wurde diese »Kleinigkeit« nie. Wie ich später erfahren sollte, hatten unsere Leute mit den Stukas den Brückenkopf noch einmal angegriffen. Ganz eindrücken konnten sie ihn jedoch nicht. Vielleicht wäre das Unternehmen beim sofortigen Einsatz unserer Kampfbomber erfolgreich verlaufen. So aber hat man fast alle Landser verheizt, für nichts und wieder nichts. Der Oberst, der unseren Angriff angeführt hatte, so erfuhren wir, kam später in eine Nervenheilanstalt. Das half aber den vielen Toten und Verwundeten nicht mehr.

Und was die zwei Sturmgeschütze angeht, von denen unser Gruppenführer gesprochen hatte, sie waren überhaupt nicht zum Schießen gekommen. Das eine war in der Nacht unserer Schlacht zu weit nach vorn geraten. Die Russen waren kurzerhand hineingesprungen, hatten der Besatzung die Kehle durchgeschnitten und waren wieder abgezogen. Das andere Sturmgeschütz war schon hinter unseren Reihen abgeschossen worden.

Nachdem es ruhig geworden ist – etwa eine halbe Stunde, nachdem die Stukas angegriffen hatten, es muss halb fünf am Nachmittag sein –, sage ich zu meinem Kameraden mit dem Handdurchschuss: »Hier holt uns doch niemand ab. Versuchen wir, dass wir wegkommen.«

Er steht auf. Ich versuche es auch, aber mir wird schwarz vor Augen. Deshalb bitte ich ihn, mir beim Aufstehen zu helfen.

Nachdem er sich eine Weile vergeblich bemüht, mich auf die Beine zu kriegen, sagt er: »Ich gehe nach hinten und hole Hilfe.« Und weg ist er.

Nun liege ich noch verlassener da als zuvor und warte. Aber niemand kommt. Was soll ich machen? Vorsichtig nehme ich mein Koppelzeug, schiebe den Brotbeutel unter meinen Kopf und warte ab, bis sich das Blut in meinem Kopf normal verhält. Sodann stütze ich mich auf den gesunden Arm, warte wieder ab, richte ein Knie auf, dann das zweite und wage einen neuen Versuch, aufzustehen. Ob es gelingt?

Tatsächlich, ich schaffe es. Ich warte ab, bis ich klar sehen kann. Nachdem ich alles deutlich erkenne, bewege ich mich vorsichtig zwischen den Gefallenen hindurch in Richtung Hinterland. Mit einem Mal weiß ich, warum man keine Rufe nach dem Sanitäter vernommen hat. Schön verteilt, wie bei einer Übung, das Gewehr über dem linken Arm, liegen die Kameraden rechts und links von mir. Tot – gefallen für die Naziverbrecher. Alles Mögliche liegt umher. Staunend erkenne ich Essbestecke, Papier, Ausrüstungsgegenstände und vieles mehr. Ob Simmerl unter den Toten ist? Keinen kann ich erkennen, da alle auf dem Gesicht liegen, so, wie wir es gelernt haben.

Mein Koppel forme ich zu einer Schlinge und hänge dort den grausig schmerzenden linken Arm ein. Mit der rechten Hand halte ich das Koppel. Unendlich langsam, Schritt für Schritt, bewege ich mich nach hinten, immer weiter von der Kampflinie weg. Es ist nicht weit zu einem Grabenstück. Total zerfetzt liegen mehrere Kameraden in diesem Graben.

Nachdem ich einige Hundert Meter zurückgelegt habe, schießt ein Panzer auf mich. Mit einem Bein knie ich mich auf den Boden und warte, bis es wieder ruhig ist. Dann versuche ich mit großer Anstrengung, wieder hochzukommen.

Da ruft ein Kamerad, der mich wohl beobachtet hat: »Leg dich hin!«

Ich antworte: »Dann komme ich aber nicht mehr hoch, und von euch wird mir auch keiner helfen.«

Nach etwa einem Kilometer scheine ich es geschafft zu haben. Ein älterer Kamerad weist mir den Weg zum Arztbunker. Während der Doktor mich verarztet, erzählt er, er habe kurz zuvor noch in einem Grabenstück gehockt, das von russischen Fliegern angegriffen worden sei. Seine Verbandstasche mit den ärztlichen Instrumenten darin sei von den Bordwaffen getroffen worden. Er selbst habe noch mal Glück gehabt.

Es ist sehr schmerzhaft, als er mir die Jacke auszieht. Um die Sache für mich zu vereinfachen, schneidet er alle behindernde Kleidung einfach weg: Pullover, Hosenträger, Hemd. Als er die Wunden sieht, kann er nicht verstehen, dass ich nicht verblutet bin. Mindestens dreizehn Stunden hatte ich so – zerfetzt und ohne Verband – vor der russischen Stellung gelegen. Erst viel später kam ich darauf, dass die russische Erde das Blut zum Stillstand gebracht hatte.

Der Arzt legt einen Notverband an, indem er den linken Arm an den Körper anlegt und mit Binden umwickelt, sodass vom Nabel bis zu den Ohren alles eingepackt ist. Im Genick habe ich mehrere Stecksplitter. Die notwendige Tetanusspritze kann mir der Doktor nicht geben, weil ich dann nicht mehr fähig wäre, zu gehen. Während ich verarztet werde, knie ich. Nun soll ich aufstehen, um zur Verwundeten-Sammelstelle zu gehen. Der Arzt muss mich hochziehen und halten, bis ich wieder allein stehen kann.

Als ich den Sammelplatz endlich erreiche, warten dort schon mehrere Kameraden auf den Abtransport. Zu ihnen lege ich mich. Zwei Sanitäter kommen vorbei, machen sich an unsere Sachen heran und trinken meine Feldflasche aus. Ich bin zu schwach, um aufzubegehren. So geht es gleich hinter der Front zu.

Gegen Abend kommt ein Lkw, der Munition an die Front bringen soll. Auf dem Rückweg nimmt er uns Verwundete mit, mich schiebt man ins Führerhaus. Die Fahrt geht querfeldein. Immer wieder denke ich: *Das Geholpere hältst du nicht mehr aus.*

In der Nacht erreichen wir den Hauptverbandsplatz Budeşti. Demnach sind wir vierundzwanzig Stunden unterwegs gewesen.

Dass ich noch am Leben bin, ist nicht mein Verdienst; die Gottesmutter war es, die mich aus der Katastrophe herausgeführt hat. All meine Kameraden waren Dünger für die russische Erde, wie eine russische Dichterin in einem Aufruf schrieb: »Erschlagt sie – erstecht sie – erschießt sie! Dünger sollen sie werden für unsere Erde.«

Im Hauptverbandsplatz werden wir in einen Raum eingewiesen, der so klein ist, dass wir Mann an Mann stehen. Erst gegen Morgen komme ich dran.

Der Sanitäter lässt mich auf einem Hocker Platz nehmen. Dann schneidet er mir den Verband und die restliche Kleidung vom Oberkörper und bringt meinen Arm in die Waagerechte, was mir höllisch wehtut. Danach verpasst er mir einen Stukagips. Der wird deshalb so genannt, weil mein abgewinkelter Arm in die Gegend ragt wie die Tragfläche eines Kampfbombers. Erst nachdem der Gips abgetrocknet ist, kann der Arzt meine Wunden an der Schulter verbinden. Für die hatte man extra ein Loch frei gelassen.

Das Dorf Budeşti ist mit Verwundeten total überfüllt. Da ich vor Entkräftung nicht mehr in der Lage bin, zu gehen, tragen mich die Sanitäter mit einer Bahre ziemlich weit den Hang hinauf in ein Haus und legen mich zu den Verwundeten. Total erschöpft schlafe ich bald ein.

Als ich wieder aufwache, liege ich zwischen zwei Toten. Beide sind schon steif. Das erschüttert mich gar nicht, da auch ich nicht viel besser dran bin. Die Sanitäter berühren einen nach dem anderen. Bei mir sagen sie: »Der lebt noch, den nehmen wir mit.«

Man stopft mich und einige andere in einen Sanka. Dieser bringt uns, die jämmerliche Fracht, zur Bahn. Der Güterzug ist lang und leer. Das heißt, er ist nicht ganz leer – es liegt alte Kleidung, wie Stiefel, verlauste Mäntel und Pullover, darin. Auf diese Unterlage bettet man uns todwunde Soldaten.

Die Fahrt dauert neun Tage. Während dieser Zeit gibt es nichts zu essen, geschweige denn neue Verbände, es begleitet uns auch kein Sanitäter. Hin und wieder wird nur etwas Tee verteilt. Dies müssen andere Landser machen, die auf dem Weg in den Heimaturlaub sind. Jeder von ihnen hat vier Waggons zu betreuen. Da wir alle Fieber haben, spüren wir den Hunger nicht so stark. Aber die körperliche Verfassung wird bei allen Verwundeten schlechter und schlechter.

Am 20. Mai werden wir in Klausenburg in Rumänien, was seinerzeit Siebenbürgen hieß, aus dem Güterzug geholt. Die Fahrt hatte deshalb so lang gedauert, weil man den Zug als unwichtig eingestuft und immer wieder auf freier Strecke hatte stehen lassen. Vor Schwäche kann ich kaum noch auf meinen Beinen stehen. Ein Kamerad hängt mich ein und schleift mich gewissermaßen zu einem Bus, welcher uns zu einer ehemaligen Hochschule bringt. Sie ist mittlerweile zu einem Lazarett umfunktioniert worden.

Wir müssen lange warten, bis wir endlich neu verbunden werden. Einen Warteraum gibt es nicht. Im Hof liegt aufgeschichtetes Brennholz, auf das wir uns setzen, bis wir an die Reihe kommen. Kaum, dass ich neu eingegipst bin, beginnt es mich am Oberarm fürchterlich zu jucken. Was hat das zu bedeuten? Die Erklärung ist ganz einfach: Im Zug hatten wir doch auf den verlausten Mänteln gelegen. Einige von den Läusen, die mich furchtbar piesacken, sind mit eingegipst worden. Um mir Erleichterung zu verschaffen schneidet man ein Loch in den Gips und stäubt Lausolin, das übliche Entlausungsmittel, hinein. Dann geben die Biester bald Ruhe. Die je zwei Einschusslöcher am Oberarm und an der Hüfte sind gleich mit eingegipst worden. Sie wurden nie verbunden. So kommt es, dass sie nach vier Monaten, als der Gips erneut gewechselt wird, noch nicht verheilt sind.

Im zweiten Stock des Lazaretts zu Klausenburg befindet sich ein Raum, belegt mit vierunddreißig Mann. In diesen werde ich dazugelegt. Mit wenig Blut und hohem Fieber dämmere ich wochenlang dahin. Ich bin weder in der Lage, selbst zu essen noch zu trinken. Und einen Brief schreiben kann ich erst recht nicht, meine rechte Hand zittert zu stark. Dabei möchte ich meinen Eltern doch gern mitteilen, dass ich noch lebe. In dieser Zeit habe ich das Glück, dass ein älterer Kamerad, Alois, der gehen und seine Hände gebrauchen kann und der im selben Raum liegt, an mein Lager tritt. Er schreibt für mich eine Karte an meine Eltern: *Machen Sie sich keine Sorgen, Toni lebt! Er liegt verwundet im Lazarett zu Klausenburg.*

Nach zwei Wochen erhalte ich eine Antwort von meinen Eltern.

Als der Alois mich füttern will, lalle ich: »Nein, nur trinken.«

»Nein, erst wird gegessen, dann gibt's was zu trinken«, bleibt er unerbittlich. »Du musst ja wieder zu Kräften kommen.«

Löffel für Löffel von der dicken Suppe schiebt mir der Kamerad in den Mund. Mühsam schlucke ich sie runter. Erst als mein Suppennapf leer ist, hält der Alois mir das erlösende Getränk an den Mund. Meist gibt es ungesüßten Tee, manchmal aber auch Wein, der mit Wasser verdünnt ist.

So geht es einige Tage, und es geht langsam mit mir aufwärts. Eines Morgens erklärt Stabsarzt Kellermann bei der Visite: »Morgen bleiben Sie nüchtern.«

Was hat der mit mir vor? Das Schultergelenk, Teile des Schulterblattes und das Schlüsselbein, das ebenfalls zertrümmert war, wurden ja bereits zu Pfingsten entfernt. Zu fragen wage ich aber nicht. Am nächsten Morgen – bevor ich in Narkose versinke – höre ich, wie der Arzt zu den Schwestern sagt: »Wir wollen eine Dränage legen.« Ich habe keine Ahnung, was er damit meint.

Vier Tage nach diesem Eingriff tragen mich der Sani und ein Hiwi (das war die Bezeichnung für »hilfswillige« russische Kriegsgefangene) zum Verbandszimmer. Sie setzen mich auf den Verbandstisch. Im selben Moment wird mir schwarz vor Augen, ich drohe umzukippen. Ein anderer Kamerad kann mich gerade noch festhalten.

Der Doktor zieht aus meiner Achsel einen fünf bis sechs Zentimeter langen Schlauch, aus dem Eiter tropft. Das also war die Dränage, zu deren Verlegung man die Operation durchgeführt hatte.

Einige Tage nach dieser Aktion ergeht von Dr. Kellermann erneut der Befehl an mich: »Morgen bleiben Sie nüchtern. Wir wollen Läppchen auflegen.«

Was für Läppchen? Und warum muss ich deswegen nüchtern sein?

An dem bewussten Morgen gibt es also kein Frühstück für mich, stattdessen aber die schon bekannte »Leck-mich-am-Arsch-Spritze«. Der Sani und der Russe tragen mich anschließend zum OP. Zunächst wird mein linker Oberschenkel rasiert, dann versetzt man mich wieder in Narkose. Die nun folgende Operation muss sehr lange gedauert haben. Denn als ich endlich auf meiner Lagerstatt erwache, ist bereits der nächste Morgen angebrochen. Ich verspüre starke Schmerzen am linken Bein. Obwohl ich mich kaum rühre, platzen schon bald die ersten Papierverbände ab. Dadurch kommen viele blutende Stellen zum Vorschein, für die mir jede Erklärung fehlt. Interessehalber beginne ich, sie zu zählen. An siebenunddreißig Stellen fehlt mir die Haut, jedes Stück etwa so groß wie mein kleiner Fingernagel und rund. Bei der nächsten Gelegenheit frage ich die Schwester, was das zu bedeuten habe.

Sie erklärt: »Diese Läppchen hat der Doktor gebraucht, um sie auf den nackten Oberarmknochen zu legen. Wir hoffen, dass sie dort anwachsen und den Armstumpf mit Haut abdecken.«

Dazu muss ich erklären, dass der obere Teil des Oberarms völlig blank lag. Da bei mir durch den Schuss das Gelenk und das Schulterblatt ziemlich zertrümmert waren, hatte man relativ viel davon entfernen müssen.

Nachdem die Läppchen aufgelegt sind, wird diese Stelle drei Wochen lang mit Kamillentee feucht gehalten. Dann kommt der – für uns alle – spannende Moment, wo der Verband abgenommen wird. Viele der Hautteilchen schwimmen mit dem Eiter weg. Nur wenige haben Verbindung zueinander aufgenommen und bilden eine feine Haut auf dem Oberarmknochen. Obwohl noch einige Stellen »nackt« sind, glaube ich allmählich, dass der Arm dranbleiben kann.

Weitere Wochen vergehen.

Da teilt mir der Arzt eines Abends bei der Visite mit: »Du bist jetzt transportfähig. Morgen schicken wir dich mit anderen in einem Transportzug nach Deutschland.«

So gelange ich zunächst nach Wien, was ja damals zum »Großdeutschen Reich« gehörte, wo ich zehn Tage im Lazarett verbringe. Dann geht es mit einem Personenzug weiter in eine Gegend, die Steinviertel heißt und nahe an der Grenze zur Tschechei liegt. Dort hatte man in einem Kloster, das die Nazis aufgelöst und zunächst als Gefangenenlager benutzt hatten, ein Lazarett eingerichtet. In diesem befinden sich bereits über siebenhundert verwundete Soldaten. Das Erste, was mir ins Auge fällt, ist eine Inschrift, die ein Landser mit Bleistift an eine Wand gekritzelt hat: *Gott erschuf in seinem Zorn dieses Altenburg bei Horn.*

Ob er damit auf die enge Wendeltreppe anspielte? Vielleicht hatte er damit die gleichen Probleme gehabt wie ich. Denn diese muss ich mich täglich mehrmals rauf und runter quälen. Die Schlafsäle liegen nämlich oben, der Speisesaal und die Behandlungsräume dagegen unten. Und die Toiletten befinden sich gar im Hof. Bei Gegenverkehr bin ich immer gezwungen, zu warten, denn mit meinem Stukagips komme ich an niemandem vorbei.

Vierundfünfzig Mann sind wir in unserem Schlafraum. Jeweils zwei Betten stehen nebeneinander, dann folgt ein schmaler Gang, sodass jeweils einer von rechts und einer von links in sein Bett steigen muss. Als Unterlage dienen uns Strohsäcke, die schon so durchgelegen sind, dass man die Metallroste darunter spürt. Normalerweise sind auch die Kopfkissen mit Stroh gefüllt. Auf meine Bitte hin – wegen meiner Halsverletzung – bekomme ich ein Federkissen. Zugedeckt sind wir mit Wolldecken, die in Bezügen stecken.

Jede Woche geht ein Arzt zur Visite durch den Saal, wirklich nur einmal in der Woche. Er hat ja immerhin über siebenhundert Mann zu betreuen.

Entdeckt er bei seinem Besuch einen, der Fieber hat, wird der verlegt. Einmal schnappe ich auf, wie der Doktor zu einem Kameraden sagt, man könne eventuell in ein Heimatlazarett verlegt werden. Ohne zu zögern, begebe ich mich in die Schreibstube und veranlasse den Bürokameraden, für mich nach Altötting zu schreiben mit der Anfrage, ob die bereit wären, mich aufzunehmen. Überglücklich bin ich, als bereits nach zwei Wochen von dort eine Zusage kommt.

Ende September 1944 werde ich also in Richtung Heimat geschickt. Außer meinem ausladenden Gipsarm führe ich eine Pappschachtel in der Größe eines Schuhkartons bei mir. Darin haben all meine Besitztümer Platz: Rasierzeug, zwei Tafeln Schokolade, die ich mir aufgespart hatte, und etwas Rauchzeug. Wie jeder andere bekomme ich meine Zuteilung an Tabakwaren, obwohl ich Nichtraucher bin. Die lasse ich mir natürlich immer geben. Sie sind ein kostbares Handelsgut, mit dem man sich die eine oder andere Annehmlichkeit erkaufen kann.

Als ich so zum Bahnhof marschiere, muss ich daran denken, mit was für einer Unmenge an Ausrüstung ich bepackt gewesen war, als wir vor dreizehn Monaten von Traunstein nach Russland verschickt wurden. Alles war verloren gegangen. Abgesehen davon, hätte ich auch nicht mehr die Kraft gehabt, das Zeug zu schleppen. Um meinen Karton ist eine Schnur gebunden, damit er sich leichter tragen lässt. Am Oberkörper habe ich lediglich eine Feldbluse, da ich ja wegen des abstehenden Armes keine Jacke anziehen kann. Als Beinkleid trage ich die normale

Uniformhose und auf dem Kopf das übliche Käppi, was mich schon von Ferne als Soldat ausweist.

Über einen Trampelpfad von drei bis vier Kilometern Länge wandere ich mutterseelenallein zum Bahnhof von Horn. Unbeholfen klettere ich in den Zug nach St. Pölten. Dort angekommen, kraxle ich ebenso unbeholfen auf den Bahnsteig hinab.

Ein Landser, der das beobachtet, fragt gleich: »Wo willst du hin, Kamerad?«

»Nach München.«

Darauf packt er mich an meinem gesunden Arm und zieht mich mit sich. »Schnell, schnell! Vielleicht erwischst du den Zug noch.«

Dieser steht schon abfahrbereit auf einem anderen Gleis. Der hilfsbereite Landser schiebt mich schnell rein, und schon dampft der Zug ab. Da alles so schnell gegangen ist, stehe ich erst mal auf dem Gang und überlege, was zu tun ist. Da kommt ein Major des Weges, erblickt mich, reißt die nächste Abteiltür auf und schreit hinein: »Ihr hockt da drinnen, und draußen steht ein Schwerverwundeter!«

Blitzschnell erheben sich alle in diesem Abteil und drängen auf den Gang. Es sind Frauen und alte Männer. Jeder von ihnen bietet mir seinen Platz an. In dem nun völlig leeren Abteil kann ich mir den Platz aussuchen, der für mich der angenehmste zu sein scheint. Ich wähle meinen Sitz so, dass mein sperriger Arm zum Fenster hin zeigt, denn ich möchte niemanden damit behindern. Fünf von den verscheuchten Fahrgästen kommen wieder zurück und lassen sich nieder. Teilnahmsvoll fragen sie, was mit mir geschehen sei. Ich gebe knappe Auskunft.

Es wird schon Abend, als der Zug in Salzburg einläuft. Auf jedem Bahnhof, bei Tag und bei Nacht, befindet sich ein Wachposten. Hier ist mir der Posten beim Aussteigen behilflich, dann schickt er mich zum Roten Kreuz, weil ich erst am nächsten Morgen einen Anschlusszug bekomme. Man weist mir ein Zimmer zu, in dem ich die Nacht verbringen kann. Wenig später trifft ein zweiter Mann ein. Er ist von der SS und will am nächsten Tag nach Sonthofen, wo ja deren »Ordensburg« war, eine Einrichtung der Nazis. Der SS-Mann hat in der Schlacht ein Bein verloren. Über mehr reden wir nicht, weil wir vor Müdigkeit bald einschlafen.

Am nächsten Morgen fährt mein Zug schon sehr früh ab, über Freilassing in Richtung Mühldorf. Aber schon am Bahnhof Mauerburg verlasse ich den Zug mit meiner Schachtel.

## Wieder daheim!

Da stehe ich nun mit meinem vergipsten Arm und meinem Karton. Ich drehe mich einmal um die eigene Achse. Was ich hier sehe, ist Heimat! Ich sehe die grünen Wiesen und die gelben Stoppelfelder, und dazwischen Kartoffeläcker mit welkem Kraut. Es kann nicht mehr lange dauern, dann geht die Kartoffelernte los. Noch nie im Leben habe ich diese Landschaft als so schön empfunden. Ich atme tief ein: Heimatluft! Dann marschiere ich in Richtung meines elterlichen Hofes.

Ich komme zwar arm zurück, wirklich sehr arm, aber ich lebe! Die vier Kilometer komme ich gut voran. Niemand sieht mich, niemand hält mich auf. Als ich unser Anwesen erblicke, kommen mir die Tränen. Ich hatte schon nicht mehr daran geglaubt, dass ich es jemals wiedersehe. Es ist der 29. September, als ich den Hof betrete, Michaelistag! Ein wichtiger Feiertag im Bauernkalender. Ein gutes Omen!

Im Elternhaus werde ich schon erwartet. Von Altenburg aus hatte ich nämlich mein baldiges Heimkommen angekündigt. Die Freude meiner Eltern ist unbeschreiblich. Das merke ich, obwohl Umarmungen bei uns nicht üblich sind. Der herzliche Händedruck und die strahlenden Augen sagen alles.

Dann kann ich meinen Lieben noch eine zusätzliche Freude machen, als ich meine Schachtel auspacke. Die Mutter sowie die Schwestern bekommen die Schokolade und der Vater die Tabakwaren. Auch unser Zivilgefangener, ein Jugoslawe, bekommt etwas ab. Für Zivilisten waren in der damaligen Zeit solche Sachen schon lange nicht mehr zu bekommen.

In meine Freude über meine glückliche Heimkehr mischt sich aber bald schon Trauer. Die Eltern hatten im Juli die Nachricht erhalten, dass Sepp, ihr älterer Sohn, seit dem 22. Juni 1944 als vermisst galt. Er war einer von 400.000 Soldaten, die in einer Schlacht sinnlos verheizt worden sind. Trotz intensiver Nachforschungen haben wir nie eine offizielle Todesnachricht erhalten. So schwebten wir alle lange Zeit zwischen Hoffen und Bangen.

Nachdem ich vom Schicksal meines Bruders gehört hatte, war mir die Freude meiner Eltern über meine Heimkehr noch verständlicher. Noch oft wurde in der Familie über meinen Bruder gesprochen.

Schließlich war er derjenige, der als Hoferbe aufgezogen worden war. Nun sah es so aus, als müsse ich in die Bresche springen. Aber wie? Mit meiner kaputten Schulter, mit meinem kaputten Oberarm? Was die Arbeit anging, so war ich doch nur noch ein halber Mensch. Aber noch bestand Hoffnung, dass sich bei mir einiges bessern würde, ich sollte ja weiterhin behandelt werden. Mein Marschbefehl lautete nämlich: Meldung im Franziskushaus in Altötting, das man inzwischen in ein Lazarett verwandelt hatte.

Ehe ich das näher ausführe, will ich noch einmal auf Sepp zu sprechen kommen. Einige Jahre nach meiner Heimkehr, im Oktober 1948, tauchte bei uns ein junger Mann mit Namen Peter auf. Er konnte uns endlich etwas über unseren vermissten Sepp berichten. Sie hätten gemeinsam ein Geschütz bedient, als plötzlich in unmittelbarer Nähe eine Granate eingeschlagen sei. Durch den Luftdruck sei er, Peter, ein Stück weit weg geschleudert worden, aber nahezu unverletzt gelandet. Die Russen hätten ihn bald aufgegriffen und nach Sibirien verfrachtet. Vom Sepp dagegen habe sich keine Spur mehr gefunden. Im Mai 1948 war Peter aus der Kriegsgefangenschaft entlassen worden – in einem sehr desolaten Zustand. Daher hatte er erst im Oktober zu uns kommen können.

Wir bedankten uns bei ihm, weil er sich extra die Mühe gemacht hatte, uns aufzusuchen, um uns Nachricht über unseren Sohn und Bruder zu bringen.

Nun also zu Altötting. Am Montagmorgen, dem 2. Oktober, sollte ich mich dort melden. Wie jedoch sollte ich dahin gelangen? Der Ort war immerhin fünfzehn, sechzehn Kilometer entfernt. Öffentliche

Verkehrsmittel gab es nicht. Den Hin- und Rückweg an einem Tag zu Fuß zu bewältigen, noch dazu in meiner Verfassung, würde ich nicht schaffen. Also musste ich auf mein altes klappriges Fahrrad zurückgreifen. Das war aber gar nicht so einfach. Schon allein das Aufsteigen mit einer Hand erwies sich als Problem.

Auf dem Rad sitzt man ja etwas höher, da wurde mir schwindlig. Zum Glück war mein Vater an meiner Seite, er hielt mich fest. Ja, und dann das Lenken mit einer Hand! Aber mir blieben ja noch der ganze Samstag und der Sonntag zum Üben.

Nachdem ich das Auf- und Absteigen und das Lenken längere Zeit geübt hatte, fühlte ich mich einigermaßen sicher. Am Montag ging es dann los. Doch für die Strecke, die ich früher in einer guten halben Stunde zurückgelegt hatte, brauchte ich diesmal weit über eine Stunde. Die Aufnahme im Franziskushaus ging glatt über die Bühne. Man nahm nur meine Personalien auf, mich selbst konnten sie nicht behalten, weil das Haus hoffnungslos überfüllt war. Ehe man mich aber wieder nach Hause schickte, ging es in den Behandlungsraum: Gips runter, röntgen, neuer Gips dran. Dann bekam ich einen Behandlungsplan, laut dem ich einmal in der Woche zum Arzt, zwei- bis dreimal wöchentlich zur Massage sollte. Zusätzlich hatte ich Vorträge vom zuständigen Führungsoffizier oder anderen Nazigrößen zu besuchen.

So kam es, dass ich den Weg von unserem Hof bis Altötting etwa fünfzigmal mit dem Rad zurückgelegt habe. Dennoch wusste ich es sehr zu schätzen, dass ich ambulant behandelt wurde, denn zwischen den Terminen hatte ich immer wieder mal einen oder zwei Tage frei. Daheim wusste ich damit mehr anzufangen, als wenn ich im Lazarett herumgehangen hätte.

Männer meines Alters waren in dieser Zeit in der Heimat äußerst selten anzutreffen. Viele von ihnen waren schon gefallen, lagen in Lazaretten oder waren gezwungen, weiterhin an den sinnlosen Kämpfen teilzunehmen. Daher freute es mich, als mir eines Tages im Dorf Sepp, ein Schulfreund, begegnete. Er hatte für vierzehn Tage Fronturlaub. Wir unterhielten uns über alles, was damals wichtig für uns war: Wie geht es dir? Wo kommst du her? Wann musst du wieder weg?

Wenig später trat Hans zu uns, ebenfalls ein Schulkamerad von mir, ebenfalls auf Heimaturlaub. Der begriff unsere Situation, noch ehe wir sie begriffen hatten.

»Ihr hängt hier rum und wisst nicht, was ihr mit eurer Freizeit anfangen sollt. Was ihr braucht, ist Unterhaltung. Und wisst ihr, wer euch die beste Unterhaltung bietet?«

Ahnungslos schüttelten wir den Kopf.

»Mädchen!«

Vor Staunen rissen wir Mund und Augen auf. Wie recht er hatte!

»Aber wie sollen wir an Mädchen kommen?«, wagte ich eine schüchterne Frage.

»Nichts leichter als das. Fahrt nach E., da weiß ich einen Hof mit mehreren Töchtern. Mit denen könnt ihr euch bestimmt gut unterhalten.«

Gleich am Samstagabend ging es los. Mit Fahrrädern ohne Licht. Das war jedoch kein Problem. Es gab ja so gut wie keine Autos. Außerdem war der Mond so freundlich, unseren Weg ein wenig zu beleuchten.

Als wir den von Hans beschriebenen Hof erreichen, ist alles dunkel. Das ist ein gutes Zeichen. Demnach sind die Eltern der Mädchen schon zu Bett gegangen. Also muss eine Leiter her. Leider hatten die Bauern zur damaligen Zeit die Angewohnheit alles, was man zum Kammerfensterln gebraucht hätte, zu verstecken. Wohl aus gutem Grund. Die Töchter waren nämlich immer im ersten Stock des Hauses untergebracht, weil man sie schützen wollte. Obwohl es in dem vom Hans beschriebenen Schuppen dunkel ist, finden wir die Leiter und tragen sie vors Haus. Sepp legt die Leiter an, er steigt hinauf, er klopft ans Fenster. Es dauert nicht lange, da geht das Licht im Zimmer an. Das Fenster wird geöffnet, der Kopf eines Mädchens erscheint. Sepp unterhält sich mit ihr. Ich verstehe nicht alles, was sie reden, da ich am Fuß der Leiter stehe. Nur so viel kriege ich mit, dass der Sepp ihnen erklärt, aus welchem Ort wir kommen, dass er Soldat auf Urlaub ist und ein verwundeter Kamerad von ihm unten steht. Ein Soldat hatte in jener Zeit einen guten Ruf. Also erscheint am Fenster ein zweites Mädchen. Sie beugt sich hinaus, weil sie sehen will, wer noch dabei ist. Mit meinem Stukagips kann ich ja leider nicht die Leiter hochsteigen. So machen wir mit den Mädchen einen Termin für einen nächsten Besuch aus. Das ist schon sehr bald, da

Sepp nur noch wenige Tage bleiben kann, bis er wieder zu seiner Einheit muss. Beim zweiten Mal kommen wir nicht wie Diebe in der Nacht, sondern am helllichten Tag. Diesmal wissen sogar die Eltern Bescheid, und die Mutter führt uns ins Haus. Zu viert sitzen wir auf dem Sofa, Sepp mit Marianne, siebzehn Jahre alt, ich mit Johanna, zweiundzwanzig Jahre alt, und unterhalten uns. Ich bin glücklich, dass ich trotz meines desolaten Zustandes so gut angenommen werde. Johanna und ich treffen uns auch noch, als Sepp längst wieder abgereist ist. Mal gehen wir spazieren, mal gehen wir zum Tanzen. So oft ich Zeit habe, zieht es mich zu Johanna. Ich verehre sie. Ja, ich liebe sie! Aber wir kennen unsere Grenzen. Unsere Treffen ziehen sich über zwei Jahre hin. Dass dann doch nichts Ernstes daraus wurde, liegt wohl daran, dass ich mit meinen einundzwanzig Jahren noch zu jung war zum Heiraten. Ich hatte ja selbst keine Existenz, was hätte ich da einem Mädchen, das ich liebte, bieten können? Für sie aber, mit ihren nunmehr vierundzwanzig Jahren, war es an der Zeit, unter die Haube zu kommen. Deshalb griff sie ohne langes Zögern zu, als ihr einer begegnete, der ihr eine baldige Einheirat bot. Ein bisschen Herzweh hatte ich schon, als ich davon erfuhr. Aber ich kam drüber hinweg. Auch aus dem Sepp und seiner Marianne, die immerhin zwei Jahre jünger war als er, wurde kein Paar. Während er in Kriegsgefangenschaft war, fand sie einen, der bei ihr einheiratete. Nach seiner Heimkehr tröstete er sich durch eine Einheirat in einem Nachbardorf.

Kurz vor Weihnachten werden wir verwundeten Soldaten zu einer kommissarischen Untersuchung ins Lazarett befohlen. Wir alle werden in einem großen Raum eingeschlossen. Von da aus geht es einzeln zur Untersuchung in ein anderes Zimmer. Hier untersucht uns ein SS-Arzt in ziemlich kurzer Zeit. Mit geübtem Blick sieht er gleich, dass mit unseren zerfetzten Gliedern nicht mehr viel anzufangen ist.

Im Januar gilt die ambulante Behandlung für alle als beendet. Diejenigen jedoch, die einer stationären Behandlung bedürfen, werden zu den Englischen Fräulein geschickt, so auch ich. Deren Gebäude befindet sich nahe am Kapellplatz. Die Behandlung findet meist am Vormittag statt, so können wir am Nachmittag ausgehen. Zum Nachtessen um sechs Uhr müssen wir allerdings wieder zurück sein. Zu der Zeit liegt mein Arm frei auf einer Gipsschiene. Ich bekomme weiterhin Massagen, das Ellenbogengelenk ist noch immer wenig beweglich.

Wenigstens an den Sonntagen will ich nach Hause. Aber das ist gar nicht so einfach. Um mich in die stationäre Behandlung zu begeben, war ich nämlich mit der Bahn angereist. Dafür hatte ich zunächst zehn Kilometer zu Fuß gehen müssen, bis Tüßling, von da aus war ich mit der Bahn nach Altötting gefahren. Nun mache ich den Weg umgekehrt. Für die nächste »Anreise« nehme ich aber wieder das Fahrrad mit, das vereinfacht die Sache für mich sehr.

Während in den Lazaretten ungezählte Soldaten mit dem Tod ringen, während viele andere und ich unendlich viel Zeit und Geduld investieren, um unsere zerschmetterten Gliedmaßen wieder einigermaßen »gebrauchsfähig« zu machen, geht der Krieg unbarmherzig weiter und das Sterben an der Front auch.

Wieder steht eine Untersuchung an. Der Arzt sagt zu mir: »Ich muss dich entlassen. Jeden Tag kommen neue Verwundete. Wir brauchen den Platz.« Er unterschreibt ein Papier, auf dem steht: *Zur Entlassung aus dem Heer vorgesehen.*

Demnach ist der Krieg für mich endgültig aus. Doch noch ehe ich dieses Papier stolz nach Hause tragen kann, erreicht mich ein Schreiben, das mich nach Fürth bei Nürnberg beordert. Ich soll zum Ersatzhaufen. Das kann doch nicht wahr sein! Was wollen die mit mir Krüppel? Lediglich vierzehn Tage Genesungsurlaub billigen sie mir noch zu.

Am 19. März 1945 werde ich aus dem Lazarett entlassen. Ich begebe mich also auf den Heimweg. Aber ich komme nicht weit, da höre ich westlich von mir ein fürchterliches Krachen. Wie wir später erfahren, bahnten sich 700 amerikanische Flugzeuge ihren Weg nach Mühldorf, sie warfen 6.000 Bomben über der Stadt ab. Ihr Ziel war der Bahnhof. Dieser nahm als Umschlag-Bahnhof in Bayern eine kriegswichtige Stellung ein.

Nach zwei Stunden ist es endlich wieder still. Die obere Stadt brennt, dicke schwarze Rauchwolken ziehen bis zu uns hinüber. Von Reichwinkel aus, das ein bisschen erhöht liegt, kann ich das grausame Geschehen gut beobachten. Die Walzmühle raucht, und der Weizen in den Lagerräumen wird drei Wochen lang brennen.

Wie verblödet die Nazi-Führung war, kann man schon daran erkennen, was die Zeitung wenige Tage darauf berichtete: *Kreisleiter Schoberl, der am Bein verletzt ist, ließ sich auf einer Trage zu den Ruinen bringen, um alles zu besichtigen. Er ist stolz auf die Kreisstadt!* Als sechzehn Tage später die Amis in die Stadt einrücken, nimmt der Kreisleiter sich das Leben. Wo ist sein Stolz geblieben?

Nachdem meine vierzehn Tage Heimaturlaub um sind, muss ich mich tatsächlich in Richtung Fürth begeben. Alle Bahnhöfe, die ich passiere, sind zerstört, der Fahrbetrieb wird nur behelfsmäßig aufrechterhalten. Am ersten Tag schafft der Zug nur die Strecke bis Regensburg. Dort hocken eine Menge Fahrgäste in den Warteräumen: Soldaten, Arbeitsdienst-Männer, Zivilisten, alle auf engstem Raum beieinander. Auch Mädels, die vom Arbeitsdienst entlassen sind, wollen nach Hause, also Richtung Nürnberg. Das Durcheinander ist perfekt. Nichts, aber auch gar nichts klappt. Als endlich ein Zug einläuft, der Richtung Nürnberg fahren soll, ist der voll besetzt. Aber niemand steigt aus.

Wir stürmen in die Waggons. Da alle Abteile proppenvoll sind, bleiben wir im Mittelgang stehen. Den Koffer zwischen den Füßen lehnt man aneinander, so dicht bei dicht, dass keiner umfallen kann. Vor Nürnberg hält der Zug plötzlich. Alles raus – und rein in einen noch volleren Zug. Das geht nur mit Gewalt. Endlich erreichen wir den Hauptbahnhof von Nürnberg. Alles stürzt aus den Wagen und rennt sofort weg. Vom Bahnhof stehen nur noch Mauerreste. Ich erwische einen Lastwagen, der bringt mich nach Fürth. Am Mittag komme ich an – bei Fliegeralarm. Ich erfahre, dass die Ruinen, die von der Stadt Nürnberg noch übrig sind, jeden Tag erneut bombardiert werden. Am Nachmittag endlich treffe ich beim Regiment 21 ein. Ich melde mich auf der Schreibstube.

Wo soll man schlafen? Niemand ist zuständig. Mir bleibt nichts anderes übrig, als die Nacht auf dem Fußboden zwischen zwei Bettgestellen zu verbringen. Am folgenden Tag heißt es: Antreten!

Die so gebildete »Genesungskompanie« besteht aus siebenhundert Mann. Keiner kennt den anderen. Der Spieß, der Ordnung in den Haufen bringen soll, steht ratlos davor, er ist wirklich nicht zu beneiden. Plötzlich hat einer eine Idee. Er lässt alle Unteroffiziere und Feldwebel vortreten, dann teilt er jedem von ihnen zehn Mann zu. Nach dieser Einteilung soll künftig angetreten werden.

Am nächsten Tag: Nicht ein Mann erscheint da, wo er soll.

In der folgenden Nacht ist Panzeralarm. Also ist der Gegner nicht mehr weit weg. Beim nächsten Morgenappell fragt der Feldwebel einen nach dem anderen, was ihm fehle. Je nach ihren Antworten teilt er sie in drei Gruppen ein: Gruppe 1: Lungenverletzte und Magenkranke, Gruppe 2: Gehbehinderte und ähnliche Leiden, Gruppe 3: Beinamputierte und Männer mit versteiften Gliedmaßen. Das geht sehr schnell. Als ich an die Reihe komme, fragt er: »Was haben Sie?«

Meine Antwort: »Mein linker Arm und meine linke Schulter sind steif.«

Ehe ich mich versehe, packt er meine linke Hand und reißt sie hoch. Mit einem Schrei stürze ich zu Boden. Darauf der lapidare Kommentar des Feldwebels: »Sie hätten das sagen müssen.«

Die Soldaten, die der Gruppe 1 zugeordnet sind, werden sofort weggeführt. Sie müssen ihre Sachen zusammenpacken, und ab geht es zur Hauptkampflinie! Also, diese Halbtoten sollen den Ami aufhalten? – So ein Wahnsinn! Und der Russe steht kurz vor Berlin. Die Nazis wollen halt möglichst lange auf ihrem Posten bleiben.

Die Gruppe 3, zu der ich gehöre, wird für den nächsten Tag zu einer Auffangstelle in Erlangen gefahren. Von dort schickt uns ein Hauptmann zu den Landesschützen nach Straubing. Wir sind sieben Mann, haben aber nur einen schriftlichen Marschbefehl. Das bedeutet für uns, dass wir immer hübsch beisammenbleiben müssen. Denn wenn eine Streife, die ja überall unterwegs ist, einen ohne Papiere erwischen würde, käme man sofort vors Standgericht. Man hatte davon gehört, dass solche Kameraden sofort erschossen worden sind.

Wir marschieren also los und müssen erst mal Nürnberg hinter uns bringen. In Nürnberg-Dutzendteich, wo Hitler üblicherweise seine Leute aufmarschieren ließ, erreichen wir einen Eisenbahnzug. Also hinein, mit Gewalt, denn die Wagen sind bereits voll besetzt. Vorher war ausgemacht, dass wir an der vierten Haltestelle aussteigen: Feucht bei Nürnberg. Das klappt auch. Es ist bereits dunkel, wir marschieren auf der Landstraße auf der Suche nach einem Nachtquartier. Schon schnappt uns eine

Streife. Zum Glück können wir unseren Marschbefehl vorweisen, daher geht die Sache in Ordnung. Man schickt uns zum Ortsbauernführer, der überlässt uns für eine Nacht ein Strohlager in seiner Scheune.

Am nächsten Tag haben wir Glück. Ohne Zwischenfall können wir mit der Bahn bis Regensburg fahren. Von da soll es zu Fuß nach Straubing gehen. Kaum aber sind wir aus der Stadt raus, gibt es Fliegeralarm. In letzter Sekunde finden wir ein Haus mit einem Keller, schon krachen die Bomben auf die Stadt. Der Keller bebt gewaltig. Alle, die hier Schutz gesucht haben, hocken plötzlich auf dem Boden. Eine alte Frau fängt halblaut an zu beten.

Da sagt einer meiner Kameraden zu ihr: »Mutterl, darfst ruhig laut beten, wir fürchten uns auch.«

Das tut sie dann auch, und einige von uns murmeln die Gebete mit. Dadurch werden wir innerlich tatsächlich ruhiger. Endlich wird es auch draußen wieder stiller, und wir wagen uns ins Freie. Nicht weit vom Haus entfernt, entdecken wir gewaltige Bombentrichter. Wir haben also großes Glück gehabt, dass das Haus nicht direkt getroffen worden ist.

Gegen Abend erreichen wir endlich die Kaserne in Straubing. Da man uns dort gleich mitteilt, wir könnten darin nicht unterkommen – den Grund dafür nennt man uns nicht –, begeben wir uns umgehend zu dem genannten Wirtshaus. Kaum haben wir unser Quartier bezogen, gibt es auch hier Fliegeralarm. Offensichtlich ist auch in diesem Ort der Bahnhof das Ziel. Wir stürzen also nach unten, um in den zwei Stockwerke tiefen Lagerkellern Schutz zu suchen.

Wieder hat uns unser Schutzengel beigestanden. Das erkennen wir am folgenden Morgen, als wir den Auftrag erhalten, die Sani-Sachen aus der Kaserne zu bergen. Auf dem Kasernenhof ist nicht eine Menschenseele zu sehen, wie ausgestorben liegt das ganze Gelände da. Das Gebäude selbst macht einen noch trostloseren Eindruck: Sämtliche Fenster und Türen sind durch den Luftdruck, den die Bomben beim Explodieren erzeugten, kaputtgegangen.

Zaghaft treten wir durch die Öffnung, aus der die Tür herausgeschleudert worden ist, in die Kaserne. Was wird uns da erwarten? Wir sind auf alles gefasst. Ein fürchterliches Chaos herrscht im Inneren. Wir sind einigermaßen erleichtert, dass wir wenigstens keine Leichen entdecken. Es sieht aus, als habe man diesen Ort in wilder Flucht verlassen. Wir suchen, wir rufen, wir wandern durch alle Räume und finden selbst im Keller niemanden. Demnach ist es der ganzen Belegschaft geglückt, noch rechtzeitig wegzukommen.

Unseren Auftrag erfüllen wir, indem wir die Sani-Sachen mitnehmen, die wir, völlig unbeschadet, im Verbandszimmer vorfinden. Mit unserer »Beute« begeben wir uns umgehend, wie man uns das vorher befohlen hat, in die Praxis eines Stabsarztes.

Nachdem dieser mich oberflächlich untersucht hat, meint er, ich könne noch leicht eine Gruppe führen. Eine schöne Bescherung! Da mein Kamerad und ich die nötigen Unterlagen nicht dabeihaben, sollen wir uns am nächsten Tag noch mal vorstellen.

Doch in dieser Nacht kommt der Doktor bei einem Bombenangriff ums Leben. Also werden wir zu einem anderen Arzt befohlen, bei dem wir pünktlich erscheinen. Der schaut uns beide gründlich an. Wie bereits erwähnt, sind bei mir die linke Schulter und der linke Arm lädiert, bei meinem Kameraden sind es der rechte Arm und die rechte Schulter.

Dieser Arzt vermerkt auf den Papieren: *Diese zwei Männer sind zu entlassen.* Das bedeutet, wir müssen wieder zur Auffangstelle. Statt uns aber wirklich zu entlassen, teilt man uns einen dritten Kameraden zu, der gesundheitlich auch nicht besser dran ist als wir zwei und mit dem wir einen bestimmten Weg überwachen sollen. Unser Auftrag lautet exakt: Jeder Soldat, der sich nicht ausweisen kann, ist festzunehmen. Wahrscheinlich will man noch viele Menschen töten, egal ob es welche von uns sind oder von den Feinden.

Nachdem unsere Patrouillier-Zeit abgelaufen ist, machen wir Meldung: »Niemand kam den Weg entlang!«

Darauf der Hauptmann: »Ist gut. Aber was soll ich mit euch machen?« Nach kurzem Nachdenken fügt er hinzu: »Ich schicke euch zur Entlassungsstelle nach München.«

Mir ist zwar bekannt, dass diese gar nicht in München ist, sondern in Neumarkt im Landkreis Mühldorf. Ich widerspreche aber nicht. Warum soll ich es mit einem Vorgesetzten auf einen Streit ankommen lassen?

Erneut befinden wir uns tippelnd auf der Landstraße – Richtung Mühldorf. Zum Glück steht auf dem Marschbefehl nur »zur Entlassungsstelle« – ohne Ortsangabe. Also kann uns nicht mehr viel passieren. Nach einigen Tagen – wir übernachten in Feldscheunen und in Wirtshäusern – erreichen wir unser Ziel. Hier ist endlich ein vernünftiger Mann am Werk: Er beurlaubt uns bis zur Entlassung. Also ab nach Hause!

Leider bedeutet das für mich aber noch immer nicht das Ende meiner militärischen Laufbahn. Am 1. Mai muss ich mich noch einmal zur Entlassungsstelle bemühen. Jetzt werde ich im Schnellverfahren aus der Wehrmacht entlassen. Vier Tage später ziehen die Amerikaner bei uns im Dorf ein. Weil man in dem großen Waldgebiet südlich davon noch eine SS-Einheit vermutet, stellen sie ihre Panzer hinter dem Wirtshaus in langer Reihe auf. Unser Serbe, der Zivil-Arbeiter, und ich schauen dem Geschehen aufmerksam zu. Auf einmal eröffnen die Panzer das Feuer, dabei treffen sie einige Höfe. An einigen davon entsteht leichter Sachschaden, und ein junger kriegsgefangener Franzose muss dabei sein Leben lassen. Die Vermutung, dass noch SS-Leute im Wald seien, bewahrheitet sich nicht, also verlassen die Panzer ihre Stellung.

Am 8. Mai 1945 ist der Krieg endgültig aus. Gott sei Dank! Zum Dank lässt der Pfarrer die Kirchenglocken läuten.

## Das Leben geht weiter

Während die Leute in den Städten hungerten und zum Hamstern übers Land zogen, um überleben zu können, ist es auf dem Land auszuhalten. Man hatte gut zu essen, und man hatte Arbeit. Zunächst aber verlangten die Amis, dass wir beim Aufräumen helfen sollten. Ein Ami-Posten sammelte alle jungen Männer ein – sie waren ja Soldaten, wenn sie auch keine Uniform mehr trugen. Die einen sind wie ich wegen Verwundung rechtmäßig aus der Wehrmacht entlassen worden, andere abgehauen, als sie merkten, dass alles drunter und drüber ging, und hatten sich auf Schleichwegen in die Heimat zurückbegeben. Wir alle wurden eingesammelt und in den Wald geschickt. Mit meiner gesunden Hand half ich bei den Aufräumarbeiten, so gut es ging. Alles Mögliche war liegen geblieben: gesprengte Geschütze, Lastwagen mit Werkzeugen, Busse und anderes. Ein Nachbar brachte mit seinem Pferd einen Wagen nach Hause, in dem fand man unter der Plane Fässer mit Butter, zentnerweise.

Heimatvertriebene kamen in großen Scharen, sie stammten aus der Tschechei und aus Ostpreußen. Sie wurden in die Bauernhöfe eingewiesen, worüber die Bauern nicht gerade begeistert waren. Mit der Zeit spielte es sich aber irgendwie ein.

Es war an einem Abend im Juni, da näherte sich unserem Hof ein kleiner Planwagen, bespannt mit einem Pferd. Der Mann auf dem Kutschbock war groß und stattlich, er hatte seine Frau und einige Kinder dabei. Eines war noch sehr klein. Der Mann bat um Arbeit. Davon hatten wir genug, zumal ich ja nicht als volle Arbeitskraft zählte.

Etwa drei Wochen hielten sich diese Fremden bei uns auf, dann fuhren sie weiter in Richtung Donau.

Nach etlichen Wochen waren sie wieder da, in einem Nachbarort fand die Familie in einem Zuhaus eines Hofes eine Unterkunft. Obwohl man dem Mann ansah, dass er vorher in einem gehobeneren Beruf gearbeitet haben musste, arbeitete er vier Jahre als Bauernknecht. 1949 war er wohl das Sich-Verstecken-Müssen endgültig leid, er stellte sich den Behörden. Er war niemand Geringerer als Albert Bormann, der Bruder des bekannten Martin Bormann, welcher der Sekretär des Führers Adolf Hitler gewesen war. Albert Bormann hatte sich ebenfalls stets in der Nähe Hitlers aufgehalten, er war dessen Adjutant gewesen.

Für mich selbst begann jetzt wieder das Leben in der Familie und auf dem Hof. Meine Verwundung machte mir das Arbeiten in der Landwirtschaft nicht leicht. An viele Tätigkeiten musste ich mich erst wieder langsam herantasten. Das meiste war ja noch Handarbeit, so konnte ich beim Heumachen lediglich nachrechen. Aufladen mussten mein sechzig Jahre alter Vater und meine neunzehn Jahre alte Schwester Maria. Im Laufe der Zeit versuchte ich, mehr und mehr Arbeiten zu verrichten. Es gelang mir schon bald, ein Ross einzuschirren. So wurde ich langsam wieder ein Bauernknecht.

Dennoch, vieles blieb für mich eine harte Sache. Das Ellenbogengelenk im linken Arm war immer noch zum Teil versteift. Die schwer zertrümmerte linke Schulter schmerzte oft, auch in der Nacht. Ganz schlimm war die kalte Jahreszeit. Da traute ich mich morgens kaum, das Bett zu verlassen, denn sofort setzten die Schmerzen ein. Aber wenn einem der Tod so nahe gewesen ist wie mir und wenn man wider alle Hoffnung überlebt hat, ist man dankbar für jeden Tag, den man leben darf. Oft biss ich die Zähne zusammen und machte weiter, wenn ich meinte, ich pack es nicht. So hatte sich das Leben nach einigen Jahren wieder eingespielt. Ich merkte, dass ich meinem Vater eine echte Hilfe war und dass ich in der Lage sein würde, den Hof eines Tages selbst zu übernehmen.

Deshalb befremdete es mich sehr, was die Mutter mir eines Tages vorschlug: »Solange du noch in der Lage bist, zu arbeiten, kannst du auf dem Hof bleiben. Dann wird es aber Zeit, dich nach einer anderen Stelle umzuschauen.«

Dieses Ansinnen machte mich für den Moment sprachlos. Dann begab ich mich zu meinem Vater und erzählte ihm das.

»Das gibt's doch nicht!«, war seine spontane Reaktion. »Ich bin heilfroh, dass du aus dem Krieg heimgekehrt bist und danke dem Herrgott jeden Tag, dass er mir wenigstens den zweiten Sohn gelassen hat. Und da kommt die Frau und redet so dummes Zeug daher. Ich bin glücklich, dass mir ein Sohn geblieben ist, dem ich den Hof der Vorväter übergeben kann, damit der Name Edelhofer weiterhin auf dem Anwesen existiert, und dann will die Frau diesen Sohn in die Arbeit schicken! Ich fasse es nicht!«

Nachdem er seinem Herzen auf diese Weise ein wenig Luft gemacht hatte, verharrte er einige Minuten im Nachdenken. Dann sagte er: »Das ist wieder eine ihrer spinnerten Ideen. Vor einigen Jahren hat sie unser Dirndl Resi verschenkt, und jetzt möchte sie gewissermaßen den einzigen Sohn herschenken, der uns geblieben ist. Nein, da mache ich nicht mit. Was sollten wir denn auf dem Hof ohne dich machen? Viele Arbeiten kannst du schon wieder ganz gut verrichten, ohne dich wäre ich da wirklich hilflos.«

Diese Worte des Vaters taten mir unendlich gut. Weiter führte er aus: »Für dich wird es mit der Zeit immer leichter werden. Denn es werden jetzt immer mehr Maschinen angeboten, die dem Bauern die Arbeit vereinfachen. Da wirst du trotz deiner Behinderung mit der Landwirtschaft zurechtkommen, auch wenn ich mal nicht mehr bin. Vielleicht hast du dir bis dahin auch einen Sohn aufgezogen, der dir helfen kann.«

Ja, dazu müsste ich erst mal heiraten, dachte ich. Aber heiraten konnte ich erst, wenn der Vater übergeben hat. Und daran schien er noch lange nicht zu denken, so kam es mir vor. Ihn jedoch danach zu fragen, traute ich mich nicht. Es hätte ihn gewiss gekränkt, wenn ich die Hände schon nach dem Besitz ausstreckte, während er noch voll im Saft stand und voller Schaffenskraft war.

Während des Krieges waren meine Eltern froh, dass noch einige ihrer Töchter auf dem Hof weilten. Diese mussten ihnen die fehlenden männlichen Arbeitskräfte ersetzen. Nach dem Krieg hätte man es aber gern gesehen, wenn wenigstens die eine oder andere irgendwo eingeheiratet hätte, um versorgt zu sein. Doch die Heiratsaussichten für Bauerntöchter waren schon immer schlecht gewesen, und nach dem Krieg waren sie noch ungleich schlechter. So auch für meine Schwestern. Denn viele der Männer, die altersmäßig zu ihnen gepasst hätten, hatten im Krieg ihr Leben gelassen. Wollte eine dennoch heiraten, durfte sie nicht wählerisch sein. Sie musste auf einen Wittiber, einen Witwer, zurückgreifen, der dazu noch um einiges älter war als sie.

Als Erste meiner Schwestern wagte Maria diesen Schritt. Im Jahre 1952 heiratete sie in einen Bauernhof ein, der aus lauter alten Gebäuden bestand. Der Mann war auch nicht mehr der Jüngste. Er war ein Wittiber, einundzwanzig Jahre älter als Maria und hatte zwei fast erwachsene Kinder.

Doch das störte meine Schwester nicht, da die Kinder schon aus dem Haus waren. Maria krempelte die Ärmel hoch und brachte den durch die lange Krankheit der ersten Frau ziemlich heruntergekommenen Hof wieder in Schwung. Sie machte den Führerschein und kutschierte ihren Mann überall dahin, wo er es wünschte. Das Paar brachte es sogar noch auf drei gemeinsame Kinder. Der Sepp wurde 1953 geboren, 1955 folgte die Anna und 1957 der Hans.

Meine Schwester Katharina machte es der Maria wenige Jahre später nach. Doch bevor sie 1959 einen Wittiber heiratete, war sie noch einige Jahre als Magd in Stellung. Ihr Mann war ebenfalls erheblich älter als sie. Er war aber kein Bauer, sondern ein Handwerker in Altötting, wo sie sich bald eine Eigentumswohnung kauften. Er brachte einen achtjährigen Sohn mit in die Ehe. Es kamen keine gemeinsamen Kinder, und auch diesen Sohn, dem

Katharina eine liebevolle Mutter wurde, sollten sie bald verlieren. Er mochte vielleicht elf oder zwölf gewesen sein, da wurde er bewusstlos vor dem Haus aufgefunden. Man brachte ihn sofort ins Krankenhaus, aber schon einen Tag später starb er. Die Diagnose: Krebs.

Unsere Schwester Elisabeth dagegen schlug einen ganz anderen Weg ein. Im Jahre 1948 entschlossen sie und ihre Freundin Klara sich, ins Kloster Au zu gehen zu den Armen Schulschwestern, um dort die Haushaltungsschule zu besuchen. Den beiden Mädchen hat es in dem Kloster so gut gefallen, dass sie im Jahre 1952 eingetreten sind. Dort wartete keine leichte Aufgabe auf sie, denn diese Schwestern betreuen schwerbehinderte Kinder. Unsere Elisabeth hat diesen Schritt jedoch nie bereut. In der Arbeit mit diesen ärmsten der armen Kinder hat sie ihre Erfüllung gefunden. Sie ging geradezu auf in ihrer Aufgabe und blieb ihr treu bis zu ihrem Tod am 1. Juli 2001.

Schon bald nach dem Krieg war abzusehen, dass der Hof dringend ein neues Gebäude brauchte: eines, in dem die zukünftigen Maschinen und das Getreide Platz fanden. Denn der alte Getreidespeicher, erbaut 1873, in dessen Erdgeschoss die Erntewagen aufbewahrt wurden, würde es nicht mehr lange machen. Abgesehen davon, dass er zu klein geworden war – durch die intensivere Bodenbearbeitung und den Einsatz von Kunstdünger und Spritzmitteln lieferten die Felder mehr Ertrag –, begann die Scheune, auch baufällig zu werden. An mehreren Stellen des

Daches regnete es herein, die Bretter des aus Holz erbauten ersten Stockes fingen an zu faulen, und die Wände im Erdgeschoss, aus Bruchsteinen und gebrannten Ziegeln gemauert, bröckelten durch den einsickernden Regen.

So planten der Vater und ich, ihn so bald wie möglich abzureißen und einen größeren Bau hinzustellen. Das ging aber nicht von heute auf morgen; das war eine Kostenfrage. Als man mit der Währungsreform im Juni 1948 das neue Geld in die Hände bekam, konnte man endlich an Investitionen denken und planen. Sobald meine Kriegsrente durch war, ich bekam fünfundvierzig DM im Monat, sparte ich jeden Pfennig im Hinblick auf das notwendige neue Gebäude. Nach jeweils einem Jahr, wenn ich wieder fünfhundert Mark beisammenhatte, kaufte ich schon mal eine anständige Portion von den flachen gebrannten Lehmziegeln im sogenannten Reichsformat. Nach vier Jahren lagerten bei uns auf dem Hof bereits 20.000 dieser Ziegel.

Im April 1952 sagte ich zu meinem Vater: »Nun können wir mit dem Abreißen anfangen.«

Den alten Schuppen rissen wir unter der Mithilfe eines freundlichen Nachbarn selbst ab. Den Erdaushub für das Fundament machten der Vater und meine Schwestern Margret, Maria und Rosi mit Hacke und Schaufel. Noch heute gilt ihnen meine Bewunderung für die schwere Arbeit, die sie geleistet haben.

Sand, Kies und Bruchsteine musste man zu der Zeit noch selbst herbeischaffen. Da mein Vater mit seinem ersten ersparten neuen Geld schon 1949 einen Schlepper gekauft hatte – einen gebrauchten, versteht sich –, hatte er auch gleich die Erntewagen umrüsten lassen; die alten Holzräder waren gegen Gummibereifung ausgetauscht worden. Weil man ja mit einem Schlepper schneller fährt als mit den Rössern, hätten die alten Räder sehr gerumpelt und die ersten Fahrten wahrscheinlich gar nicht überstanden. Mit einem solchen Wagen und dem Schlepper fuhr mein Vater zu einem nahe gelegenen Steinbruch, der sich auf unserem eigenen Gelände befand. So konnte er kostenlos alles an Baumaterial holen, was wir brauchten: Sand, Kies und Steine. Beinahe das ganze Material schaufelte er eigenhändig auf den Wagen. Eine ungeheure Leistung für einen Mann von siebenundsechzig Jahren!

Für den Neubau, der ab Mitte Juni errichtet wurde, beauftragten wir eine Baufirma, die täglich mit zwei bis vier Mann zur Stelle war. Wir anderen hatten während dieser Zeit ja mit der Heuernte alle Hände voll zu tun. Die Steine aus dem Abbruch des alten Schuppens wurden im neuen Fundament verwendet.

Der Bau ging dann glatt über die Bühne. Das Einzige, was meinem Vater Kopfzerbrechen bereitete, war die Finanzierung. In dem Sommer aber gab es eine ausgezeichnete Ernte, und so war im Herbst desselben Jahres bereits alles bezahlt!

Im Jahre 1949 hatten wir nicht nur den Schlepper gekauft, mein Vater und ich hatten auch den Führerschein für denselben gemacht, und da ich gerade schon dabei war, hängte ich auch gleich den Pkw-Führerschein dran.

»Was willst du denn damit?«, nörgelte mein Vater. »Das ist vertane Zeit und rausgeschmissenes Geld.«

»Wart's ab!«, antwortete ich ihm. »Über kurz oder lang werden wir uns ein Auto anschaffen müssen. Bald wird es nicht mehr ohne gehen.«

»Solange ich hier auf dem Hof das Sagen habe, geht es ohne Auto«, war sein letztes Wort.

Ich aber hatte gelernt, zu schweigen, wenn es nötig war. Mir war klar, dass auch er eines Tages einsehen würde, dass ein Auto hermusste, wenn wir nicht hinter dem Mond bleiben wollten.

Inzwischen waren auf dem Hof schon so viele Neuerungen eingeführt, gegen die er sich zunächst gesträubt hatte. Zur Zeit meiner Geburt droschen mein Vater und seine Leute das Getreide noch mit Dreschflegeln in der Tenne. Das hatte nicht nur tagelang gedauert, es war auch äußerst kraftraubend gewesen, und jeden Abend kamen die Männer verschwitzt und verstaubt nach Hause und mussten sich an einem Eimer oder einer Blechschüssel waschen. Gewiss ging auch durch diese Art des Dreschens viel von dem wertvollen Korn verloren. Als der Vater sah, wie es sich ein Nachbar nach dem anderen bequemer machte, indem er ein Lohndreschunternehmen auf den Hof kommen ließ, wagte er endlich auch einen Versuch. Sofort war er restlos überzeugt davon, dass dies das einzig Richtige sei.

Als Kind habe ich dann erlebt, dass die Dreschmaschine morgens um sechs Uhr auf den Hof kam, dass man den ganzen Tag ihr Rattern und Stampfen hörte, von einer riesigen Staubwolke umgeben, aber um achtzehn Uhr war die ganze Gaudi beendet. Die

Maschine zog ab, der Staub legte sich, die Männer wuschen sich gründlich und setzten sich zum Nachtmahl an den Tisch. Danach aber wurde es gemütlich: Es gab die Dreschlegfeier! Das war noch ein Überbleibsel aus der Zeit, in der man mit Dreschflegeln gedroschen hatte. Es ist verständlich, dass man aus Freude darüber, dass die tagelange Plagerei endlich vorüber war, Lust hatte, zu feiern. Aber auch als das Dreschen mit der Maschine stattfand, war man in Feierlaune. Mal wurde auf dem einen Hof gefeiert, mal auf dem anderen. Darauf freuten wir Kinder uns schon das ganze Jahr, denn alle feierten mit, auch diejenigen, die nicht unmittelbar beim Dreschen beteiligt gewesen waren, egal ob alt oder jung. Einer brachte eine Ziehharmonika mit und spielte zum Tanz auf. Für die Erwachsenen gab es natürlich Bier, für uns Kinder Äpfel und ein paar Nüsse, die um diese Zeit gerade reif waren. Man war ja so bescheiden. Es wurden allerlei Spiele gemacht, auch Pfänderspiele. An eines erinnere ich mich lebhaft: Da musste man, wenn man sein Pfand auslösen wollte, unter einen Stuhl kriechen, über den eine Decke gespannt war. Darunter hockte ein anderer, der hatte seine Hände vorher mit Ruß geschwärzt, der tastete einem dann im Gesicht herum. So kam man zur Gaudi der anderen mit einem Mohrengesicht wieder zum Vorschein.

Die erste eigene Mähmaschine hatte mein Vater bereits 1933 angeschafft. Sie wurde noch von zwei Pferden gezogen, bedeutete aber schon eine ungemeine Erleichterung gegenüber dem Mähen mit der Sense.

Zu unserem Schlepper, den Vater 1949 gekauft hatte, leistete er sich schon bald ein Mähwerk, also einen Mähbalken. Und wieder einige Zeit später kaufte er eine Heuwendemaschine. Diese war in der Lage, das fertige Heu schon zu Schwab – also Heureihen – zusammenzurechen, was uns viel Mühe ersparte.

Im Jahre 1956 bestand dann mein Vater auf der Idee, dass wir dringend ein Auto brauchten, wenn wir mit der Entwicklung Schritt halten wollten. Er kaufte einen ganz neuen VW für 4.500,- DM. Dieser tat uns allen künftig wirklich gute Dienste.

An Zerstreuungen gab es bei uns nicht viel, und an beruflichen Möglichkeiten auch nicht. Bisher hatten alle Leute in der Landwirtschaft ihr Brot gefunden, allerdings mussten die ältesten Söhne darauf warten, bis der Vater endlich übergab. Dabei wurde ihnen oft viel Geduld abverlangt. Das Berufsbild der jüngeren Söhne sah sehr einfach aus. Sie blieben als Knechte auf dem Hof oder traten als solche in fremde Dienste, damit hatten sie so gut wie keine Heiratsaussichten. Die Töchter, die entweder als Mägde auf dem elterlichen Hof oder in einem Fremdbetrieb arbeiteten, hielten zwar stets Ausschau nach einer Einheirat, doch diese Möglichkeiten waren dünn gesät.

Als dann in der Fünfziger- und Sechzigerjahren mehr und mehr Landmaschinen zum Einsatz kamen, wurden viele Knechte und Mägde überflüssig. Wo sollten sie hin? Außer Landwirtschaft hatten sie ja nichts gelernt. Glücklicherweise entstanden in nicht allzu großer Entfernung von unserem Dorf einige Fabriken, in denen auch ungelernte Kräfte unterkamen. In wenigen Wochen wurden die Neuen angelernt. So konnten sie sich wenigstens selbst ernähren, und der eine oder andere konnte sogar eine Familie gründen, woran früher, als man noch als Knecht oder Magd arbeitete, nicht zu denken gewesen war. So hatte auch jeder Nachteil sein Gutes.

## Meine Schwester Margret

Meine Schwester Margret, Jahrgang 1927, wurde im Alter von vierzehn Jahren – inzwischen mussten tatsächlich alle Kinder acht Jahre lang die Schulbank drücken – als Magd auf einen Einödhof geschickt, auf dem sie mehrere Jahre blieb. Dann wechselte sie zu einem Hof, der nur zwei Kilometer von dem unseren entfernt lag. Es ging ihr dort nicht schlecht. Sie war mit ihrer Arbeit zufrieden, und die Bauersleute auch mit ihr.

Etwa fünfhundert Meter weiter, in der anderen Richtung, stand ebenfalls ein Einödhof, dessen Felder an die ihres Herrn grenzten. So blieb es nicht aus, dass der Sohn des Nachbarn Margret sah, wenn er auf den elterlichen Feldern arbeitete, während sie auf den Feldern ihres Bauern beschäftigt war. Da sie ein hübsches Mädchen war, setzte der junge Mann alles daran, sie näher kennenzulernen. Bei der Heuernte richtete er es so ein, dass er sich mit seinen Leuten zur nachmittäglichen Brotzeit direkt an der Grenze zum Nachbarn niederließ. Es dauerte nicht lange, da hatte er die Margret in ein Gespräch verwickelt.

Da er ein gut aussehender Bursche war, gefiel ihr das. So wusste auch sie es bald einzurichten, dass man sich immer wieder mal an der Flurgrenze traf.

»Lass die Finger von dem!«, warnte ihr Arbeitgeber sie, der beobachtet hatte, dass sich da etwas anzuspinnen begann.

»Warum?«, fragte die Magd trotzig. »Mit meinen vierundzwanzig Jahren bin ich doch alt genug für eine Liebschaft.«

»Das schon. Aber der ist nichts für dich. Der ist ein Hoferbe und meint es gewiss nicht ernst mit dir. Der muss seinen Eltern eine heimbringen, die eine ordentliche Mitgift vorweist.«

Vielleicht wäre es besser gewesen, wenn der Bauer das Wort Hoferbe nicht erwähnt hätte. Denn damit schreckte er die Margret nicht ab, sondern jetzt war der Fritz für sie erst recht interessant. Wenn er der Hoferbe war, dann war das für sie doch die einmalige Chance, Bäuerin zu werden!

Damit der Bauer, der es gut mit ihr gemeint hatte, ihr keine weiteren Vorhaltungen machen konnte, traf sie sich in der Folgezeit heimlich mit ihrem Verehrer. Und obwohl unsere Schwester Ottilie sie rechtzeitig vor den Mannsbildern gewarnt hatte, wehrte sie den Fritz keineswegs ab, als er ihr an die Wäsche ging. Ja, sie hielt es noch nicht mal für notwendig, ihn zu fragen, ob er sie heirate, falls ihre Begegnung Folgen haben sollte. Sie war so naiv, zu glauben, dass er in diesem Falle gar nicht umhin könne, sie zum Altar zu führen. Und so sah sie sich bereits als Bäuerin auf dem Schindelhof.

Als ihre Tage ausblieben, wartete sie noch eine schickliche Zeit ab, dann machte sie ihrem Liebhaber die »freudige« Eröffnung, dass er Vater werde.

»Ich? Nein, ausgeschlossen! Ich habe immer aufgepasst. Mit mir hat das nichts zu tun. Dafür wird gewiss ein anderer infrage kommen«, war seine Reaktion.

All ihr Beteuern, sie habe mit keinem anderen Mannsbild nie nichts gehabt, er sei der Einzige, mit dem sie geschlafen habe, nützte ihr nichts.

»So leicht, wie du bei mir hergegangen bist«, fügte er spöttisch grinsend hinzu, »wirst es auch bei anderen gemacht haben.«

Ihre wortreiche Versicherung, er sei ihre große Liebe, und nur deshalb habe sie sich ihm so leicht hingegeben, nutzte nichts. Selbst ihr Tränenausbruch ließ ihn ungerührt. Höhnisch erklärte er: »Du suchst wohl einen Vater für deinen Bankert? Da bist du bei mir an der falschen Adresse.« Ergänzend fügte er noch hinzu, er denke nicht im Traum daran, eine dahergelaufene Bauernmagd zu heiraten. Ihm, als dem Hoferben, stünde etwas Besseres zu: eine Frau mit Geld oder Grundbesitz – oder am besten mit beidem.

Meine Schwester demütigte sich sogar so weit, die Eltern vom Fritz aufzusuchen und ihnen zu erklären, dass sie ein Kind von ihrem Sohn erwarte.

»Das kann jede behaupten«, kanzelte die Mutter sie schon an der Haustüre ab. »Und wenn schon, dann hast es doch nur darauf angelegt, dich hier ins gemachte Nest zu setzen. Nicht mit uns.«

Das verzweifelte Mädchen arbeitete noch so lange bei ihrem Bauern, bis sich ihr Zustand nicht mehr verbergen ließ. Dann kehrte sie reumütig auf den Edelhof zurück. Was waren die Eltern wütend, als sie mit ihrem Bündel und einem dicken Bauch bei uns vor der Tür stand! Besonders die Mutter war in Rage. Ich glaube, wenn der Vater nicht dazwischengegangen wäre, sie hätte ihre Tochter erschlagen.

»Du musst auch noch zu ihr halten!«, keifte die Mutter ihn an. »Es ist ja nicht nur, dass sie uns Schande gemacht hat, jetzt erwartet sie auch noch, dass wir ihren Bankert aufziehen.«

»Aber geh, Theres, du kannst sie doch nicht auf der Straße sitzen lassen. Es ist doch immerhin unser Enkelkind, das sie erwartet.«

»Enkelkind hin oder her, ich hab keins bestellt.«

»Aber es ist doch Christenpflicht, dass man ihr beisteht. Das steht schon in der Bibel: Was ihr dem geringsten meiner Brüder getan, das habt ihr mir getan.«

»Sie ist aber nicht mein Bruder!«, fauchte die Theres.

»Aber sie ist deine Tochter. Also musst du ihr erst recht beistehen in ihrer Not.«

»Da hat sie sich doch selbst hineingebracht. Sie hat eine gute Stelle gehabt, und es hat ihr an nichts gefehlt. Was musste sie mit diesem Kerl ins Bett steigen?«

In den Wochen, die diesem Auftritt folgten, versuchte Margret, sich im Haus möglichst nützlich, gleichzeitig aber auch unsichtbar zu machen. Als bei ihr die Wehen einsetzten, schickte man mich mit dem Radl ins Dorf, damit ich die Hebamme herbeihole. Unter ihren fürsorglichen Händen brachte Margret 1952 einen strammen Buben zur Welt.

Damit hatte sie bei den Eltern schon viel gewonnen. Als er dann auch noch den Namen Alfons bekam, wie Thereses verstorbener Lieblingsbruder geheißen hatte, war die Mutter vollends mit ihr versöhnt. Ja, von Stund an waren sie die begeistertsten Großeltern, die man sich denken kann. Sie hatten sich um hundertachtzig Grad gedreht, beide verhätschelten und verwöhnten das Kind von hinten und vorn. Damals habe ich nicht begriffen, warum Großeltern so verrückt sein können mit einem Enkelkind. Erst seit ich selber Opa bin, kann ich sie voll und ganz verstehen.

Da Margret wieder zu Hause war und die Rolle einer Magd übernehmen konnte, ging meine Schwester Maria in einen fremden Dienst, wo sie dann ihren Mann kennenlernte. Margret war von ihrer häuslichen Rolle zwar nicht begeistert, aber sie musste froh sein, dass sie mit ihrem Buben untergekommen war und dass ihre Mutter nach ihm schaute, wenn sie auf dem Feld arbeitete.

Für die Margret war diese Situation nicht befriedigend, und für uns andere auch nicht. Deshalb meinte mein Vater nach vier Jahren, es sei gut, wenn Margret endlich auf eigenen Füßen stehe. Da sie ebenso wie ihre Schwestern eine bescheidene Mitgift von zu Hause zu erwarten hatte, schaute er sich in der Region um. Schon ziemlich bald fand er das geeignete Objekt. Es war ein kleines Haus mit vier Tagwerk Land. Dorthin übersiedelte meine Schwester, sobald der Kaufakt getätigt war. Nun war sie ihr eigener Herr, hatte ihre eigenen vier Wände und musste auf keinen von uns mehr Rücksicht nehmen.

Natürlich kann man von so einem kleinen Anwesen nicht leben. Deshalb musste sie sich nach einer Arbeitsstelle umsehen, nach einer, auf der sie ihren Buben mitnehmen konnte. Die Auswahl in dieser Hinsicht war nicht allzu groß. Da hieß es nehmen, was sich bot. Sie fand Arbeit als Tagelöhnerin bei einem Großgrundbesitzer, dessen Hof nicht allzu weit von ihrem Haus entfernt lag. So konnte sie mit dem Radl und ihrem Buben vorne drauf hinfahren. Natürlich war das keine sichere Sache. Mal gab es viel Arbeit, mal wenig, mal keine. Aber sie lebte sparsam und kam über die Runden.

Etliche Jahre später, der Bub ging bereits in die Fabrik arbeiten, hatte sie doch noch das Glück, in einen Hof einheiraten zu können. Dieses Anwesen lag nur achtzehn Kilometer von dem ihren entfernt. Zwar war es nur ein kleines Sach, der Mann war siebzehn Jahre älter als sie und ein Witwer mit zwei Kindern. Aber in ihrem Alter und mit einem ledigen Kind konnte man nicht wählerisch sein. Seine Kinder, ein Bub und ein Mädel, waren allerdings schon erwachsen, aus dem Haus und verdienten sich ihren Lebensunterhalt in einer Fabrik.

Wie und wo meine Schwester Margret ihren Mann kennengelernt hat, darüber hat sie sich nie geäußert. Ich vermute aber, dass, wie so oft bei den Einödhöfen, ein Viehhändler seine Hände im Spiel gehabt hat. Die kamen doch überall herum und wussten genau, bei wem was fehlt.

Die Margret ist mit ihrem Schorsch dann doch noch recht glücklich geworden.

## Auf Freiersfüßen

Wie bereits erwähnt, gab es in der Nachkriegszeit auf dem Lande wenig, das Abwechslung und Zerstreuung bot. Nachdem ich meinen Liebeskummer um Johanna verarbeitet hatte, sehnte ich mich nach etwas, das ein bisschen Wärme und Licht in mein gleichförmiges Leben bringen könne. In dieser Zeit ging das aber nicht nur mir so. Nach allem, was wir durchgemacht hatten, ob in der Heimat oder an der Kriegsfront, waren besonders die jungen Menschen nicht nur hungrig auf leibliche Speisen. Man sehnte sich nach etwas Schönem, etwas für Seele und Geist, das einen ein bisschen aus dem harten, arbeitsreichen Alltag heraushob.

So erfuhr ich Anfang des Jahres 1948 davon, dass in einem Nachbarort, der nur acht Kilometer von uns entfernt lag, im Saal des Gasthauses zur Post eine Wanderbühne gastiere. Da musste ich hin! Ich schwang mich auf mein Radl, das mir schon so manchen guten Dienst getan hatte, und strampelte los. Unterwegs schon stellte ich fest, dass ich nicht der einzige Kulturhungrige war. Von allen Seiten strömten die Menschen herbei, vor allem jüngere, per Rad oder zu Fuß, einige sogar per Ross, das sie im Stall des Gasthauses »parken« durften. Der Saal war brechend voll. Wie das Stück hieß, das damals gespielt wurde, weiß ich nicht mehr. Aber es war lustig und hat mir gut gefallen. Man hatte Ablenkung und vergaß für einige Stunden alle Schmerzen und Sorgen, die einen bedrückten. Wie es mir ergangen ist, muss es auch allen anderen ergangen sein, denn schon nach der Halbzeit gab es stürmischen Beifall, der lange anhielt.

In der Pause stand ich zufällig neben einem Mädchen, das mir auf Anhieb so gut gefiel, dass ich es unbedingt ansprechen wollte. Aber was sagt man zu einem wildfremden Mädchen? Mir fiel nichts Besseres ein, als zu fragen: »Hat es dir auch gefallen?«

»Ja.«

Damit war das Gespräch schon wieder beendet. Endlich fiel mir was »Neues« ein: »Bist von da?«

»Ja.«

So wird das nichts, dachte ich. Also begann ich zu erzählen, wo ich wohnte, und dass ich mit dem Radl da sei.

»Aha.«

Weil ich verhindern wollte, dass sie wegging, berichtete ich ihr, dass wir zu Hause ursprünglich zehn Geschwister gewesen seien. Da taute sie endlich auf.

»Wir waren daheim ursprünglich neun Geschwister«, steuerte sie nun zur Unterhaltung bei.

Ehe wir uns aber in Einzelheiten ergehen konnten, ertönte das Klingelzeichen und kündigte das Ende der Pause an. Obwohl alle in den Saal drängten, weil jeder seinen Platz wiederhaben wollte, gelang es mir noch, ihr zuzuflüstern, dass ich sie gern wiedersehen wolle. Denn trotz ihrer Einsilbigkeit gefiel sie mir ausnehmend gut.

Erst Jahrzehnte später sollte ich erfahren, dass sie vor lauter Aufregung so wortkarg gewesen war.

Ihrer Pflegerin, die das mir dann hinterbrachte, hatte sie anvertraut: »Bei mir war es Liebe auf den ersten Blick, deshalb habe ich seinerzeit kaum ein Wort herausgebracht.«

Mei, wenn ich das damals gewusst hätte! Ich glaube, ich hätte mich wie im siebten Himmel gefühlt.

Nach dem Lustspiel, bei dessen zweiter Hälfte ich verständlicherweise nicht mehr so ganz konzentriert war, wartete sie treu und brav am Ausgang auf mich. Das Herz schlug mir bis zum Hals. Viel konnten wir nicht mehr miteinander reden, aber wenigstens meinen Namen konnte ich ihr zuflüstern, und ich erfuhr, dass sie Resi hieß. Sie nannte mir ihre Adresse, ich nannte ihr die meine. Bei dem herzlichen Händedruck zum Abschied fragte ich: »Wäre es dir recht, wenn ich dich mal an einem Sonntagnachmittag zu einem Spaziergang abhole?« Sie willigte ein.

Selig taumelte ich mit meinem Fahrrad nach Hause. Der Mond wies mir den Weg, denn eine Beleuchtung hatte ich noch immer nicht. Das war aber nicht gefährlich. Denn zu jener Zeit war auf den Straßen schon tagsüber kaum Verkehr, und in der Nacht war erst recht nichts los.

Ich fühlte mich so glücklich, dass ich diesem Mädchen begegnet war, dass ich es am liebsten in die Welt hinausgeschrien hätte. Aber es schien mir gescheiter, es für mich zu behalten. Erstens wollte ich mich nicht blamieren, falls nichts daraus werden sollte, zweitens hätte ich es nicht ertragen, wenn die Eltern versucht hätten, es mir auszureden, und drittens wollte ich nicht eventuelle Konkurrenten auf sie aufmerksam machen.

Es dauerte drei unendlich lange Wochen, bis ich sie wiedersehen konnte. Wir machten einen langen Waldspaziergang, auf dem sie mir endlich von sich und ihrer Familie erzählte, nachdem ich über meine Familie berichtet hatte. Sie war vom selben Jahrgang wie ich und arbeitete als Magd auf dem elterlichen Hof, nachdem sie mal für einige Zeit in einen anderen Betrieb hineingeschnuppert hatte.

Zu schnell waren die schönen Stunden herum, und jeder von uns musste wieder an seine Arbeit. Beim Abschied fieberte ich schon dem nächsten Treffen entgegen. Wie gerne hätte ich sie mal ins Kino eingeladen, aber es gab weit und breit keines. Auch ein neues Theaterspiel in der näheren Umgebung war nicht in Sicht. So blieben uns nur Spaziergänge und ab und zu mal der Besuch einer Tanzveranstaltung. Einmal besuchten wir sogar einen Faschingsball in Garching. Das lag daran, dass der Freund ihrer Freundin dort der Faschingsprinz war.

Ich habe der Resi zwar nie einen Heiratsantrag gemacht, aber nach dem fünften oder sechsten Treffen waren wir uns einig, dass wir ein Leben lang beieinander bleiben wollen. Gleichzeitig war uns klar, dass an eine Heirat vorerst nicht zu denken sei. Da ich nur Knecht auf dem Hof meines Vaters war, hätte ich keine Familie gründen können.

Nachdem wir uns vier Jahre kannten, ließ es sich einrichten, dass wir beide gemeinsam eine Fußwallfahrt nach Altötting machen konnten. Wir hatten ja so viel vor die Gottesmutter hinzutragen! In der Wallfahrtskirche knieten wir uns vor dem Gnadenbild nieder, und wir beide hielten stille

Zwiesprache mit der heiligen Maria. Ich selbst hatte das Bedürfnis, mich inständig bei ihr zu bedanken, dass ich lebend aus diesem schrecklichen Krieg nach Hause gekommen war. Dann dankte ich dafür, dass mir die Resi begegnet war. Zum Schluss bat ich die Muttergottes innig darum, sie möge uns dabei helfen, dass wir bald heiraten könnten. Die Resi, da bin ich mir sicher, hat ähnliche Gebete zum Himmel geschickt, doch darüber haben wir nie gesprochen.

Auf wunderbare Weise gestärkt, kehrten wir zurück in unseren Alltag. Uns blieben immer nur ein paar Stunden, die wir am Sonntag zusammen sein konnten. Wie oft ich in den Jahren, die ich auf Freiersfüßen ging, die Strecke von acht Kilometern zu ihrem Dorf hin- und zurückgelegt habe, weiß ich gar nicht. Mein altes Vorkriegsrad, mit dem ich schon immer nach Altötting zum Lazarett gefahren war, gab schon nach kurzer Zeit seinen Geist auf. Also legte ich mir von meinem Ersparten ein neues Radl zu, diesmal eines mit Licht und allem anderen, was mittlerweile vorgeschrieben war, da der Verkehr – vor allem die Autos – auf deutschen Straßen erheblich zugenommen hatte. Aber auch dieses neue Rad gab seinen Geist auf, noch ehe ich meine Resi zum Altar führen konnte.

Auch hat es zuvor einige innere und äußere Kämpfe gegeben. Mittlerweile war ich über dreißig Jahre alt. Längst wollte ich den Vater fragen, wann ich ans Heiraten denken könne. Aber es fiel mir furchtbar schwer, diese Frage an den guten Menschen zu richten. Innerlich fühlte ich mich völlig zerrissen: Auf der einen Seite gab es die geliebte

Frau, die ich nicht verlieren wollte, auf der anderen Seite den geliebten Vater, den ich nicht erzürnen und auch nicht kränken wollte.

Nachdem ich die Resi bereits acht Jahre kannte, versprach ich ihr, ich werde mir nun endlich ein Herz fassen, vor meinen Vater hintreten und mit ihm über die Übergabe reden.

»Stell dir das nicht zu einfach vor«, warnte sie mich.

»Das ist klar, deshalb hab ich mich ja bisher nicht getraut. Aber mittlerweile ist er zweiundsiebzig, da wird es langsam Zeit, dass er das Zepter abgibt.«

An einem Samstagabend im März des Jahres 1956, die Wochenarbeit war erledigt, saßen Vater und ich gemütlich beisammen in der Stube, jeder eine Maß Bier vor sich. Die Mutter, Margret, Katharina und Rosi waren schon zu Bett gegangen. Da dachte ich: *Die Gelegenheit ist günstig. Die musst du beim Schopf packen.*

Ich atmete tief durch, raffte meinen ganzen Mut zusammen und stellte die Frage: »Vater, wann kann auf dem Edelhof endlich Hochzeit sein?«

Damit kam ich bei ihm aber schlecht an!

»Davon will ich nichts wissen«, fuhr er mir gleich über den Mund, trank seinen Rest Bier aus und zog sich in die Schlafkammer zurück.

Ich aber saß da wie vor den Kopf geschlagen und konnte nur das eine denken: *Wie bringst du das der Resi bei?*

Am anderen Tag aber, nachdem wir den Sonntagsgottesdienst besucht hatten, lud der Vater mich auf eine Maß ins Gasthaus ein. So etwas war noch nie vorgekommen. Was hatte das zu bedeuten?

Wir setzten uns an einen Tisch, ein wenig abseits von den anderen Bauern, mit denen er sonst nach dem Gottesdienst gelegentlich zusammenzusitzen pflegte.

»Also, Bua«, eröffnete er das Gespräch, als die beiden mit Schaum bedeckten Krüge vor uns standen. »Du hast mich gestern Abend mit deiner Frage schön erschreckt.«

Ich wusste nicht, was ich dazu sagen sollte. Mir war auch nicht klar, ob er überhaupt eine Antwort erwartete. Wir hoben beide unsere Krüge, stießen an, und jeder nahm einen langen Schluck.

»Die halbe Nacht habe ich wach gelegen«, fuhr der Vater in seiner Rede fort, »und über deine Frage nachgedacht.«

Wieder nahm er einen kräftigen Schluck, während ich weiterhin überlegte, worauf er hinauswolle.

»Ja, Toni, hältst du mich tatsächlich schon für so alt, dass ich meinen Hof nicht mehr selbst bewirtschaften kann?«

Diese direkte Frage verlangte eine direkte Antwort: »Aber geh, Vater, so ist das nicht. Es ist nur – ich kenne da ein liebes Madel, seit acht Jahren: die Resi. Da wird es langsam Zeit, mal ans Heiraten zu denken.«

»Gar so wird es doch nicht pressieren. Es schadet nicht, wenn du noch ein paar Jahre warten musst. Du solltest dein Junggesellenleben noch so lang wie möglich genießen. Wenns'd erst mal verheiratet bist, ist es mit der Freiheit vorbei.«

Ein rechter Schmarrn ist das, was er da redet, ging es mir durch den Kopf – hab ich denn jetzt Freiheit? Ihr haltet mich wie ein kleines Kind, dachte ich. Keinen Schritt konnte ich machen, ohne Rechenschaft ablegen zu müssen, jede freie Stunde am Sonntagnachmittag musste ich mir erbetteln, und fast jede Mark von meiner Kriegsrente steckte ich in den Betrieb. Das alles aber konnte ich meinem Vater unmöglich sagen. Stattdessen brachte ich vor: »Vater, ich bin mittlerweile einunddreißig, da ist es an der Zeit, eine Familie zu gründen.«

»Ach, Unsinn! Ich war sechsunddreißig, bis ich endlich zum Heiraten kam. Mein Vater blieb Herr auf dem Hof, bis er im Alter von siebenundsiebzig Jahren gestorben ist.«

»Ja, aber deine Braut war ein gutes Stück jünger als du. Meine Resi ist aber auch schon einunddreißig. Wenn wir noch Kinder haben wollen, sollten wir nicht mehr zu lange warten. Sonst ist der Zug abgefahren.«

Wieder setzte der Vater seinen Krug zu einem herzhaften Schluck an. Ich konnte förmlich sehen, dass es hinter seiner gefurchten Stirn mächtig arbeitete.

»Bub, wie willst du das denn schaffen mit deinem kaputten Arm?«

Das waren ja ganz neue Töne. Bisher war er immer der Meinung gewesen, dass ich sehr wohl in der Lage sein würde, den Hof zu bewirtschaften.

»So wie bisher auch«, entgegnete ich deshalb mutig. »Es soll sich ja nicht viel ändern. Wir beide machen die Arbeit gemeinsam wie bisher, nur dass ich dann das Sagen hab.«

»Und wenn ich mal nicht mehr arbeiten kann?«, fragte er lauernd.

»Bis dahin hab ich vielleicht einen Sohn, der mir hilft.«

»Das glaubst du doch selbst nicht, dass ich so lange durchhalte.«

»Nun ja, je länger wir die Sache hinausschieben, umso unwahrscheinlicher wird das. Deshalb meine ich ja, es sollte sich bald etwas in dieser Sache entscheiden. Außerdem«, führte ich einen neuen Gesichtspunkt ins Feld, »sind inzwischen so viele landwirtschaftliche Maschinen erfunden worden, die einem die Arbeit erleichtern, dass man als einzelner Mann auch damit zurechtkommt.«

»Die kosten aber eine Menge Geld«, war sein nächstes Argument.

»Ich weiß. Aber wenn ich der Bauer bin, werde ich so wirtschaften, dass ich mir eine nach der anderen anschaffen kann.«

Wieder schien es hinter seiner Stirn schwer zu arbeiten. Plötzlich hob er seinen Maßkrug zum Zeichen, dass er anstoßen wolle. Also reagierte ich entsprechend. »Na gut«, sagte der Vater, als die Krüge aneinanderstießen. »Ein Jahr gibst mir noch Zeit. An den Gedanken, dass ich zum alten Eisen gehöre, muss ich mich erst gewöhnen. Im nächsten Jahr machen wir dann ernst. Bis dahin will ich deine Schwester Margret und ihren Buben versorgt wissen. Die sollst du nicht auch noch am Hals haben.«

Diesen Gedanken fand ich sehr vernünftig. Außerdem war ein Jahr doch eine überschaubare Zeit.

Mit dieser Antwort konnte ich unbesorgt vor meine Braut treten.

Der Vater hielt Wort. Sofort begann er, sich nach einer Bleibe für seine Tochter Margret umzuschauen, die er ja auch – wie bereits erwähnt – bald fand.

»Nun möchte ich deine Braut aber endlich kennenlernen«, sagte er eines Tages im Herbst, als die Ernte eingebracht war. »Sie muss ja ganz was Besonderes sein, wenn du seit über acht Jahren nicht mehr locker gelassen hast. Und sie muss dich sehr lieben, sonst hätte sie nicht so lange auf dich gewartet.«

Es war damals noch der Brauch, dass man die Braut mit ihren Eltern einlud, damit sie sich den Hof vorher anschauten, auf dem sie künftig als Bäuerin walten sollte. Leider konnte meine Resi nur noch mit ihrer Mutter dieser Einladung folgen. Ihr Vater war bereits im Jahre 1954 ganz unerwartet gestorben.

Die beiden Damen waren mit dem, was sie vorfanden, sehr zufrieden, und mein Vater war vom ersten Augenblick an begeistert von seiner zukünftigen Schwiegertochter. Die Hochzeit wurde von meinen Eltern und Resis Mutter gemeinsam auf Anfang Mai 1957 festgelegt. Natürlich sollte es eine richtige große Bauernhochzeit werden, wie sich das für den Erben eines so traditionsreichen Hofes gehörte. Sofort begannen wir, dafür zu sparen.

Ehe die Hochzeit stattfinden konnte, waren allerdings noch wichtige Formalitäten zu erledigen. Kaum hatte das neue Jahr angefangen – das Jahr, das so viele Veränderungen für mich bereit hielt, das Jahr, in dem ich endlich Bauer auf dem Anwesen werden sollte, das Jahr, in dem ich endlich meine geliebte Frau heimführen durfte –, sagte mein Vater: »Bring deine Resi her. Wir fahren nach Mühldorf zum Notar.«

Das war Musik in meinen Ohren. Wie gut, dass wir mittlerweile ein Auto hatten. Zu viert, also meine Eltern, Resi und ich, setzten wir uns hinein, und ich chauffierte uns stolz wie ein Schneekönig zu der angegebenen Adresse in Mühldorf.

Der Vater hatte die alten Unterlagen mitgebracht, die noch von der Hofübergabe meines Urgroßvaters Anton stammten, der 1807 geboren worden war. Mit wenigen Veränderungen wurden die Inhalte so vom Notar in den neuen Übergabe-Vertrag übernommen. Es war wichtig, dass man im Vertrag genau festhielt, welche Rechte und Pflichten auf den neuen Hofbesitzer zukamen, damit es nachher keine Streitpunkte gab. Selbstverständlich war die Rede davon, dass die Eltern ein Wohnrecht auf Lebenszeit und Anspruch auf Kleidung, Ernährung und Pflege bis an ihr Lebensende hatten. Dabei wurde genau festgelegt, welche Zimmer ihnen zustanden. Es wurde aber auch aufgenommen, dass ich verpflichtet sei, den noch ledigen Schwestern eine angemessene Mitgift auszuhändigen, sollten sie doch noch zu einer Heirat kommen. Andernfalls stand auch ihnen ein Wohnrecht auf Lebenszeit im Elternhaus zu.

Ich kann gar nicht ausdrücken, wie glücklich ich war, nachdem wir das Haus des Notars wieder verlassen hatten. Jetzt schien einer baldigen feierlichen Hochzeit nichts mehr im Wege zu stehen. Doch das Schicksal schreitet schnell!

Für die folgenden Ausführungen lasse ich die Resi zu Wort kommen, weil sich das Drama auf ihrem Heimathof abgespielt hatte.

# Resi erzählt

## Ein langer Weg zum Glück

Auch ich werde mich bemühen, ein bisschen für die »Nachwelt« festzuhalten. Meine Kinder, Enkel und Urenkel sollen zumindest das Wenige erfahren, was ich über meine Wurzeln herausgefunden habe. Mich hat es nämlich immer ein wenig traurig gestimmt, dass ich über meine Großeltern so gut wie nichts weiß. Damit das Bisschen, das ich über meine Mutter Maria herausgefunden habe, nicht verloren geht, schreibe ich es hier auf:

Meine Mutter Maria war im Jahre 1889 geboren und stammte wohl aus einem kinderreichen Einödhof im Landkreis Mühldorf. Als eines der ältesten Kinder musste sie schon früh hinaus, um sich als Magd bei einem großen Bauern ihr Brot zu verdienen. Dort hatte sie das Unglück, dass sie im Alter von zwanzig Jahren ein lediges Kind erwartete. Heute würde man sagen, es sei unehelich zur Welt gekommen. Ob der Bauer der Kindsvater war oder einer der Knechte, weiß ich nicht, darüber hat sie nie gesprochen. Zumindest bestand für sie nicht die geringste Aussicht auf eine Heirat.

Sie durfte ihre kleine Maria im Jahre 1909 im Elternhaus zur Welt bringen und die Kleine auch bei ihrer Mutter lassen, als sie eine neue Arbeitsstelle auf einem großen Einödhof fand. Auf diesem lebte ein älteres Bauernpaar mit seinem einzigen Sohn und einigen Knechten und Dienstmägden. Da der alte Bauer Müller nach einem knappen Jahr einem Herzleiden erlag, wurde Sohn Johann zum Jungbauern auf dem Hof und hatte nun freie Hand in der Wahl seiner Bäuerin.

Da ihm die Maria von Anfang an gut gefallen und sie sich zudem als sehr tüchtig erwiesen hatte, machte er ihr kurzerhand einen Heiratsantrag, obwohl sie ein lediges Kind hatte. Im Jahre 1912 war bereits Hochzeit. Jetzt schien Marias Glück vollkommen. Sie war nunmehr nicht nur die geachtete Bäuerin auf einem der stattlichsten Höfe weit und breit, sie durfte sogar ihre kleine Maria zu sich nehmen. Im Jahr darauf schenkte sie ihrem Ehemann eine kleine Tochter, die Elisabeth. Zwei Jahre später, 1915, brachte sie zur großen Freude ihres Mannes und ihrer Schwiegermutter den Stammhalter Simon zur Welt.

Kaum dass Johann seinen Sohn in den Armen gehalten hatte, musste er zum Polenfeldzug einrücken. Schon nach kurzer Zeit erhielt seine Frau die Mitteilung, dass er nach einer Schlacht in Galizien vermisst sei. Nun stand die junge »Witwe« da mit drei kleinen Kindern, der alten Schwiegermutter und dem großen Hof. Mit ihren Angestellten schlug sie sich einige Jahre mehr schlecht als recht durch, bis die Schwiegermutter im Jahre 1919 die Augen für immer schloss.

Nun konnte Maria ihren Mann endlich für tot erklären lassen, war damit auch vor dem Gesetz

Witwe und konnte eine neue Ehe eingehen – und zwar mit Hans Schuster, einem Bauern, der ihr schon seit längerer Zeit wohlgesonnen gewesen war. Bisher hatte dieser einen kleinen Hof bewirtschaftet, der in der Nähe lag. Diesen verpachtete er an seinen nachgeborenen Bruder mit der Auflage, dass das Anwesen, sollte er mit Maria je Kinder haben, an eines seiner Kinder zurückfalle. Er krempelte die Ärmel hoch und waltete fortan als tüchtiger Bauer auf dem Hof von Johann Müller, in den Maria eingeheiratet hatte und den einst selbstverständlich dessen Sohn Simon übernehmen sollte. Dem Paar wurden sechs gemeinsame Kinder geschenkt. Als Erstes erblickte Anni im Jahre 1920 das Licht der Welt. Im Jahre 1921 folgte der Schorsch, 1922 der Hans und 1924 der Sepp. Resi, meine Wenigkeit, wurde im Jahre 1925 geboren. Mir folgte im Jahre 1928 die Schwester Kathi. Außer mir ist sie die Einzige aus der Geschwisterschar, die heute noch lebt.

Das Schicksal, oder genauer gesagt, der Zweite Weltkrieg, hat in dieser Familie, wie in so vielen anderen auch, die Lebenspläne arg durcheinandergeschüttelt. Simon, Marias Sohn aus erster Ehe, der den Hof seines Vaters übernehmen sollte, fiel im Jahre 1943 in Russland. Nun war Schorsch, Marias Sohn aus zweiter Ehe, als Hoferbe vorgesehen. Aber er fiel bereits ein Jahr später für Volk und Vaterland in Frankreich. Das war für meine armen Eltern eine harte Zeit. Von diesen Schicksalsschlägen haben sie sich nie wieder richtig erholt.

Die meisten von uns Kindern behielten sie auf dem Hof, denn an Arbeit mangelte es nicht. Trotz allem sah meine Mutter darauf, dass wir Töchter alle zusätzlich etwas gehobene Hauswirtschaft erlernten. Sie schickte eine nach der anderen von uns für drei Monate in einen Privathaushalt nach München. Mein Traumberuf wäre es gewesen, Handarbeitslehrerin zu werden. Da sich dieser Wunsch aus finanziellen Gründen leider nicht erfüllen ließ, durfte ich wenigstens noch ein Vierteljahr in einem Schwesternhaus nähen lernen. Dann wurde ich wieder zu Hause gebraucht.

Im Jahr 1952 erlitt mein Vater einen Schlaganfall. Seitdem konnte er nicht mehr reden und auch nicht mehr arbeiten. Deshalb übernahm mein Bruder Hans im Alter von dreißig Jahren den Hof. So konnte er schon bald seine Katharina heiraten, die er bereits einige Jahre kannte. Sie schenkte ihm dicht nacheinander zwei Söhne, an denen der Opa noch seine Freude hatte. Dann bekam er im Jahre 1954 den zweiten Schlaganfall, an dem er innerhalb weniger Tage starb.

Zu dieser Zeit ging ich schon einige Jahre mit Toni. Knapp drei Jahre später, im Januar 1957, Tonis Eltern hatten gerade den Übergabe-Vertrag unterschrieben, sah die Welt für mich noch rosig aus. Toni war inzwischen der Bauer auf dem Edelhof, und ich sollte im Mai endlich die Seinige werden.

Doch Ende Januar klagte mein Bruder Hans, der Hofbesitzer, beim Nachtmahl über starke Schmerzen im Bauch. Seine Frau packte ihn kurzentschlossen mit einer Wärmflasche ins Bett. Wenig später stellte sie bei ihm hohes Fieber fest. Als sich dann auch noch heftiger Schüttelfrost einstellte, war ihr die Sache nicht mehr geheuer. Noch in derselben Nacht ließ sie ihren Mann nach Mühldorf ins Krankenhaus bringen. Dort starb er am nächsten Tag – es war der 1. Februar 1957 –, während die Ärzte noch bei der Untersuchung waren. Die Diagnose: innere Blutvergiftung.

Kein Mensch konnte uns erklären, woher so etwas kommt. Für die junge Frau war es eine Katastrophe, nicht nur in menschlicher Hinsicht – sie stand nun mit ihren beiden kleinen Buben, zwei und drei Jahre alt, allein da –, sondern auch für den Betrieb.

Für die ganze übrige Familie war der plötzliche Tod meines Bruders ebenfalls ein schwerer Schlag. Mit Hans verlor meine Mutter bereits ihren dritten Sohn! Wir Geschwister waren alle erschüttert, dass ein so junger Mensch, noch nicht mal fünfunddreißig Jahre alt, auf dem Höhepunkt seiner Schaffenskraft von heute auf morgen fortgestohlen wird.

Leider stand kein männliches Familienmitglied mehr zur Verfügung, das der jungen Witwe hätte zur Seite stehen können. Der letzte von Marias Söhnen, der Sepp, zu dem Zeitpunkt einunddreißig Jahre alt, hatte schon vor einigen Jahren in einen benachbarten Hof eingeheiratet.

Katharina, die junge Witwe, hatte schwer zu kämpfen, zumal ihr die Schwiegermutter keine Hilfe mehr sein konnte. Zum einen war diese schon recht alt, zum anderen verfiel sie nach dem Tod ihres Sohnes Hans zusehends und wurde bald zur zusätzlichen Belastung für die junge Frau. Nach fünf Jahren legte Maria sich zur ewigen Ruhe. Immerhin hatte sie das – für die damalige Zeit beachtliche – Alter von dreiundachtzig Jahren erreicht.

Nach Mutters Tod kehrte doch wieder das Glück für die junge Bäuerin ein. Sie hatte einen sehr tüchtigen Knecht, den Helmut, der darauf sah, dass die Landwirtschaft nicht ganz vor die Hunde ging. Seit Langem hatte er Gefallen an Katharina gefunden, besaß aber genug Taktgefühl, ihr das nicht zu Lebzeiten ihrer Schwiegermutter zu zeigen. Erst nachdem die Altbäuerin die Augen für immer geschlossen hatte, wagte Helmut es, der Jungbäuerin, die sich so tapfer durchgekämpft hatte, sein Herz und seine Hand anzubieten.

Zwei Tage lang ließ sie sich das durch den Kopf gehen, dann gab sie ihm ihr Jawort. Die beiden wurden nicht nur ein glückliches Paar, dem vier Söhne geschenkt wurden, unter Helmuts fleißigen kräftigen Händen blühte der Hof auch wieder auf, sodass Katharina ihrem ältesten Sohn aus erster Ehe, als der zweiunddreißig Jahre alt war, einen gut dastehenden Hof übergeben konnte. Dieser Sohn ist mittlerweile ein tüchtiger Bauer. Er hat schon bald den alten Stall abgerissen und einen neuen für hundertzwanzig Kühe hingestellt, einen ganz modernen. Deshalb wurde sogar ein Tag der offenen Tür anberaumt: Es kamen über viertausend Bauern von nah und fern, um sich das anzugucken und um sich Anregungen zu holen für eigene Modernisierungen. Dieser Sohn hat inzwischen auch schon vier Söhne. Allerdings lässt sich heute noch nicht abschätzen, ob mal einer davon in die Fußstapfen des Vaters treten wird. Heute haben die jungen Leute nicht nur ihren eigenen Kopf, es bieten sich ihnen auch so viele andere Berufsmöglichkeiten, wo sie ihr Geld leichter verdienen können und wo sie sich weniger plagen müssen.

Als ich nach dem Tod meines Bruders Hans den ersten Schock überwunden hatte, schoss mir der Gedanke durch den Kopf: *Nun müssen wir unsere Hochzeit verschieben!*

Nach der Beisetzung sprach ich mit meinem Zukünftigen ganz sachlich darüber.

»Dass wir nach diesem Schicksalsschlag im Mai keine große Hochzeitsfeier machen können, ist klar«, stimmte er mir zu. »Aber wir haben schon so lange große Geduld beweisen müssen, dass ich nicht noch länger warten mag. Um uns anzugehören, brauchen wir keine große Hochzeitsfeier. Es genügt, wenn wir uns in aller Stille aufs Standesamt begeben und bei einer schlichten kirchlichen Trauung vor Gottes Angesicht Mann und Frau werden. Dazu wird mir schon etwas einfallen.«

Bis zum vierten Mai hatte Toni alles bestens geplant und organisiert. Nachdem wir uns am Morgen das Jawort vor dem Standesbeamten in Tonis Wohnort gegeben hatten, brachte uns mein Cousin Bernhard in seinem Wagen nach Altötting zur Stiftskirche. Wir waren nur zu viert: das Brautpaar, Tonis Vater und Bernhard als Trauzeugen. Innerhalb eines schlichten Brautamtes wurden wir in der Gnadenkapelle mit noch zwei weiteren Paaren getraut.

Von der Kirche aus brachte uns Bernhard zum Gasthof *Zwölf Apostel*, wo wir ein bescheidenes

Hochzeitsmahl einnahmen. Anschließend fuhr er uns nach Rosenheim zum Bahnhof. Das war für mich eine große Überraschung. Zwar hatte mir Toni einige Tage vorher gesagt, ich solle einen Koffer packen für eine mehrtägige Reise, aber ich hatte keine Ahnung, wohin es gehen sollte. Während der Fahrt erfuhr ich dann alles Nähere. Vier Wochen vorher hatte uns Toni bei einem Pilgerbüro zu einer einwöchigen Romreise angemeldet. Ich war überwältigt. Ich sollte nach Rom kommen? In die Ewige Stadt? Ich, die ich kaum zwanzig Kilometer im Umkreis von meinem Dorf hingekommen war, abgesehen von dem halben Jahr, das ich in München verbracht, aber kaum etwas von der Stadt gesehen hatte? Nun wollte mir mein frisch angetrauter Ehemann Rom zu Füßen legen, diese riesige Stadt mit all ihren Sehenswürdigkeiten, mit all den christlichen Stätten, von denen ich im Religionsunterricht in der Schule gehört und von denen ich gelegentlich etwas in der Kirchenzeitung gelesen hatte! Doch sogleich meldeten sich bei mir Bedenken.

»Aber Toni, das ist doch alles furchtbar teuer. Können wir uns das überhaupt leisten?«

Lachend schloss er mich in die Arme. »Aber geh, Reserl, leicht können wir uns das leisten. Was meinst, wenn wir die geplante Hochzeitsfeier gemacht hätten, das wäre uns wesentlich teurer gekommen.«

Nach dieser Aussage war ich erleichtert und gab mich ganz den vielen großartigen Eindrücken hin, die nun unaufhaltsam auf mich einstürzten. Schon allein die wunderbare Bahnfahrt durch bezaubernde

Gegenden, wie ich sie mir nicht einmal erträumt hatte! Und dann die Ewige Stadt als solche! Von dem vielen Neuen, das auf mich einstürmte, war ich regelrecht erschlagen. Ich weiß nicht, wie viele Kirchen wir besucht haben, sogar nach Assisi zum heiligen Franziskus und seiner Schwester, der heiligen Klara, machten wir einen Abstecher. In den Katakomben waren wir natürlich auch. Das war schon sehr beeindruckend, an den Stellen zu weilen, wo sich die ersten römischen Christen um ihres Glaubens willen verstecken mussten.

Eine Audienz beim Papst gehörte ebenfalls zu unserem Programm. Wir haben Pius XII. sogar aus nächster Nähe gesehen. Das war ein erhebender Augenblick.

Voller Eindrücke kamen wir wieder zu Hause an. Kurz bevor der Zug in Rosenheim einlief, sagte ich zu meinem Mann: »Das hast du gut gemacht. Schöner kann man seine Ehe gar nicht beginnen. Das war ein Erlebnis fürs ganze Leben.«

Die Ausgaben für diese Reise haben wir nie bereut.

# Toni kommt wieder zu Wort

## Im Ehestand

Nach der Hochzeitsreise begann für uns der gemeinsame Alltag mit einem Haufen von Pflichten. Dennoch waren wir glücklich. Endlich waren wir beisammen, die Wochenend-Radelei hatte ein Ende. Das wurde auch Zeit, denn außer meinem alten Vorkriegsradl hatte ich zwei weitere Räder aufgerennt, bis ich meine Resi zum Altar führen konnte.

Die Resi war nun die Bäuerin und ich der Bauer. Endlich konnten wir schalten und walten, wie wir es für richtig hielten, denn erfreulicherweise hielten sich meine Eltern beide zurück. Dennoch machte sich mein Vater nützlich, wo er nur konnte. Und auch die Mutter bot still und bescheiden ihre Hilfe an, die wir dankbar annahmen.

Zu meinem Hof gehörten zwanzig Hektar Land, davon konnte man gut leben, wenn man fleißig war. Und das waren wir, zudem äußerst sparsam.

Das Leben mit der geliebten Frau spielte sich also schnell und unkompliziert ein. Es zeigte sich schon bald, dass ich mit ihr nicht nur die richtige Wahl getroffen hatte, ich hatte sogar das große Los gezogen. Sie war ja mit allen landwirtschaftlichen und hausfraulichen Arbeiten vertraut. Und fleißig war sie, ungeheuer fleißig. Wir leisteten uns keine Magd mehr, nachdem meine Schwester Rosi – als Letzte – aus dem Haus war. Resi machte alles selbst. Abgesehen davon, war zur damaligen Zeit kaum mehr eine Magd zu bekommen. Die Mädchen gingen lieber in die Fabrik, wo sie mehr verdienten, am Abend pünktlich Schluss und am Wochenende frei hatten.

Durch unser beider Fleiß hatten wir schon bald so viel Bargeld erwirtschaftet, dass wir bereits ein Jahr nach der Hochzeit unseren alten Schlepper, den der Vater im Jahre 1949 gebraucht gekauft hatte, gegen einen neuen tauschen konnten. 10.500 DM mussten wir allerdings noch drauflegen. Das war viel Geld.

Bei uns wurde aber nicht nur gearbeitet. Im Winter saß man am Abend oft gemütlich beisammen, besonders an den Samstagen. Da kam auch öfter mal der alte Hausner zu uns herüber. Er schätzte es nicht nur, mit meinem Vater bei einer Maß Bier in der Stube zu ratschen, er liebte auch das Kartenspiel, wie die meisten Männer in unserer Gegend. Sobald drei Männer beisammen waren, wurden die Karten hervorgeholt und gemischt. Am liebsten spielten sie Watten und Tarock. Wenn ich mit meiner Stallarbeit fertig war, gesellte ich mich zu den beiden, und schon ging es los. Meist wurde um ein oder zwei Pfennige gespielt, wenn es hochkam, auch mal um drei.

Eines Samstagabends im Februar 1958 saßen wir mal wieder beisammen. Obwohl der Hausner sehr in sein Kartenspiel vertieft schien, bekam er alles mit, was um ihn herum geschah. Dass er im Stall als bester Geburtshelfer weit und breit galt, war allgemein bekannt. Dass er aber auch einen Blick für den Nachwuchs beim Menschen hatte, sollten wir an diesem Abend erfahren. Als meine Frau auf dem Weg zum Rossstall durch die Stube ging, murmelte der Hausner vor sich hin: »Du bist hint dro.«

Keiner von uns hatte eine Erklärung dafür, was er damit meinte. Und die Resi, die diese Bemerkung zwar gehört, aber nicht auf sich bezogen hatte, setzte ihren Weg fort. Als sie zurückkam, wandte der Hausner ihr den Kopf direkt zu und wiederholte seine Feststellung in größerer Lautstärke: »Du bist hint dro.«

»Was meinst?«, wollte meine Frau, neugierig geworden, von ihm wissen.

»Ja, die Gamperl-Bäuerin ist schon viel dicker als du.«

Im Mai war es dann so weit. Die Resi kam mit unserem ersten Kind nieder. Aber nicht unter der Mithilfe vom Hausner, sondern unter den fachkundigen Händen unserer Dorfhebamme. Es war ein Mädchen, dem wir den Namen Rosi gaben – nach seiner jüngsten Tante, die auch Patin wurde. Über das Dirndl waren wir keineswegs enttäuscht. Wir freuten uns, dass es kräftig und gesund war. Mit ihm war unser Glück vollkommen.

Der Opa allerdings zeigte offen seine Enttäuschung. »Mit dem Dirndl, das hätt' noch Zeit gehabt. Einen Buben hättest halt gebraucht, damit du bald Hilfe hast.«

»Das kann man sich leider nicht aussuchen, das weißt auch. Außerdem wird der Bub schon noch kommen«, versuchte ich, den alten Herrn zu trösten.

Im Herbst desselben Jahres heiratete Rosi, meine jüngste Schwester. Außer Katharina war sie die Einzige, die nicht in einen Hof einheiratete, ihr Zukünftiger arbeitete in einer Fabrik. Neben der Hochzeitsfeier, die ich ausrichten musste, war auch noch Heiratsgut-Auszahlen angesagt. Das zehrte ganz schön an unseren Ersparnissen. Aber auch das steckten wir weg.

Im Jahre 1960 kam meine Frau ein zweites Mal in die Wochen, wieder ein Mädchen. Es wurde auf den Namen Barbara getauft. Wir sahen Barbaras Ankunft eher positiv – nun würde unsere Rosi bald eine kleine Spielgefährtin haben. Aber der Opa war noch unzufriedener, weil noch immer kein Stammhalter auf dem Hof aufwuchs, und äußerte das auch entsprechend.

»Was willst du denn?«, fragte ich ihn. »Bei dir waren doch auch zuerst zwei Dirndl angekommen und dann erst der Bub.«

»Ja, ja, hast ja recht«, gab er sich schließlich zufrieden.

Finanziell ging es uns zusehends besser. Es war damals eine gute Zeit für die Landwirtschaft, die Viehpreise gingen stets nach oben. Da wir inzwischen den leistungsstarken Traktor hatten, konnten wir die Pferde abschaffen, was mir einerseits leidtat, aber wenn man mit der Landwirtschaft überleben wollte, musste man mit der Zeit gehen. Ohne die Pferde blieb uns mehr Futter für Schlachtvieh. Also konnten wir unseren Bestand an Kühen auf zwanzig aufstocken. Außerdem hielten wir einige Mastbullen.

Aber irgendwo hält das Schicksal immer etwas für einen bereit, damit man nicht zu übermütig wird. In unserem Wohnhaus steckte der Wurm drin. Im wahrsten Sinne des Wortes, nämlich der Holzwurm, und zusätzlich der Hausbock. In der Nacht, wenn es ganz ruhig war, hörte man ihn im Dachstuhl nagen. Eine Zeitlang versuchten wir, das zu ignorieren. Aber als die ersten Dachsparren eingebrochen waren und sich erste Wasserflecken an den Decken im ersten Stock zeigten, musste gehandelt werden. Wir wollten nicht abwarten, bis es in unsere Betten tropfte.

Das alte Dach von 1867 hatte immerhin fast hundert Jahre gehalten. Es musste komplett herunter, mit sämtlichen Balken und Sparren. Ein komplett neuer Dachstuhl kam drauf, und es wurde mit grauen Ziegeln gedeckt. So ließ es sich wieder ohne Angst vor dem nächsten Regen leben. Allerdings riss dieses Dach ein großes Loch in unsere Kasse.

Doch das Geld hatten wir bald wieder hereingeholt. Durch den Einsatz von noch besserem Kunstdünger und noch wirkungsvolleren Pflanzenschutzmitteln wurden unsere Erträge weiter gesteigert. Aber für noch mehr Vieh waren unsere Stallungen nicht ausgelegt, also musste ein neuer Rinderstall her.

Davon aber wollte mein Vater nichts wissen. »Bub, du übernimmst dich. Womit willst du den Neubau bezahlen?«, war seine besorgte Frage. »Das neue Dach hat doch schon ein Vermögen verschlungen.«

Es bedurfte einer Menge Überzeugungsarbeit von meiner Seite, bis er sich endlich für den Neubau erwärmen konnte. Mit dem Hinweis: »Schau, die neue Scheune hatten wir doch auch innerhalb kurzer Zeit bezahlt!«, brachte ich ihn schließlich auf meine Seite.

Ein so großes Unterfangen wollte ich nämlich nicht hinter seinem Rücken ausführen. Mir war es wichtig, dass er ideell dahinterstand, wenn ich auch allein für die finanzielle Seite verantwortlich war. Außerdem war ich auf seine tatkräftige Unterstützung angewiesen, schon allein, um Kosten zu sparen.

Im Sommer 1962 setzten wir unseren Plan zügig in die Tat um. Neben der Feldarbeit nutzten wir jede freie Stunde für den Bau des neuen Kuhstalles. Wie ich erwartet hatte, war der Vater wieder mit voller Kraft dabei. Im Jahr darauf zeigte er allen Verwandten und Bekannten voller Freude und Stolz das »Bauwerk«.

Dank des technischen Fortschritts drängten immer wieder neue Maschinen auf den Markt: Feldhäcksler, Ladewagen, Mähdrescher, Heugebläse, Frontlader am Schlepper, Kreiselmähwerke, breitere Sämaschinen, Maishäcksler und viele andere. Die Arbeit der Landwirte wurde dadurch erheblich erleichtert, allerdings kosteten alle diese Maschinen viel Geld. Mir sind einige Bauern bekannt, die kauften gleich alles, was neu auf den Markt kam. Und da sie nicht das nötige Kleingeld hatten, machten sie Schulden, die Banken gewährten nämlich großzügig Kredite. Mit der Zeit konnten die Bauern die Zinsen nicht mehr aufbringen, geschweige denn die

Rückzahlungsraten. So war manch einer von ihnen innerhalb kurzer Zeit pleite. Das Ende vom Lied war, sie mussten Haus und Hof verkaufen und in die Fabrik gehen zum Arbeiten. So etwas sollte uns nicht passieren. Wir hatten den Ehrgeiz, den Hof, der schon so lange die Heimat der Edelhofers war, für nachfolgende Generationen zu erhalten. Deshalb kauften wir immer erst dann eine neue Maschine, wenn wir das nötige Geld beisammenhatten.

Rückblickend muss ich sagen, die Zeit von 1948 bis 1990 war für die Landwirte eine gute, wenn nicht gar eine sehr gute. Die Maschinen erleichterten einem die Arbeit erheblich, die Erträge wurden besser, und der Wohlstand wuchs. Das, was man sonst in einer Woche oder gar vierzehn Tagen geschafft hatte, erledigte man in wenigen Stunden. Allerdings stellte man auch keine allzu großen Ansprüche an das Leben, das kam erst später.

Heute muss bei jedem Bauern ein tolles Auto in der Garage stehen, im Wohnzimmer der neueste Breitwandfernseher, und man muss jedes Jahr für ein paar Wochen in Urlaub fahren können. Das sind alles Dinge, von denen haben wir noch nicht mal geträumt.

Da sich aber dem Erdboden trotz Kunstdünger und aller möglichen Chemikalien – und trotz des Einsatzes modernster Maschinen – nicht mehr abringen lässt, gehen heute viele Bauern noch einem zusätzlichen Erwerb nach.

Nun wird es aber Zeit, dass ich wieder auf meine Familie zu sprechen komme. Im August 1962 wurde auf dem Edelhof das dritte Kind geboren. Welch eine Freude! Es war ein Bub! Mein Vater, mittlerweile achtundsiebzig, war wohl derjenige, der sich am meisten darüber freute. Wenn das körperlich noch möglich gewesen wäre, hätte er bestimmt einen Luftsprung gemacht. Stattdessen strahlte er nur übers ganze Gesicht, als wir ihm den jüngsten Edelhofer in den Arm legten. Sein Kommentar: »Den können wir gut brauchen.«

»Wir werden ihn Josef nennen«, sagte ich zu meinem Vater, um ihm eine zusätzliche Freude zu machen. Doch er lehnte rundweg ab: »Das machst nicht, Toni. Auf unserem Hof ist es von jeher Tradition, dass der Erstgeborene nach seinem Vater benannt wird.«

Also wurde unser Bub ein Anton.

## Mein wunderbarer Vater

Mein Vater war ein wunderbarer Mann – und das nicht nur, weil er mir beim Besenbinden so viele aufregende Geschichten erzählt hat. Er war mir auch ein hervorragender Lehrmeister in allem gewesen, was die Landwirtschaft betraf. Dabei hatte er es in seinem Leben auch nicht leicht gehabt.

Als Dreißigjähriger hatte er am Ersten Weltkrieg teilnehmen müssen. So lag er eines Tages mit einigen Kameraden in Frankreich bei Arras im Schützengraben. Weil gerade kampfmäßig nichts los war, schauten sie gen Himmel, um eins von den damals noch seltenen Flugzeugen zu beobachten. Dieser Moment der Unachtsamkeit hatte für ihn böse Folgen. Ein gegnerischer Scharfschütze legte auf ihn an, und schon war es passiert: Sein oberer Nasenteil war durchschossen. Nach einigen Wochen Lazarettaufenthalt war die äußere Wunde zwar verheilt, dennoch behielt er einen lebenslangen Schaden zurück: eine chronische Tränensackeiterung. Vermutlich war das sehr unangenehm, und wahrscheinlich hatte er auch Schmerzen, aber er erwähnte sie nie. Diese Geschichte hatte er uns mal beim Besenbinden erzählt, und damit hatte es sich. Niemals kam ein Klagelaut über seine Lippen. Wegen dieser Vereiterung musste er immer wieder mal in ärztliche Behandlung, und er wurde auch hin und wieder mal im Krankenhaus behandelt, aber wenn er zu Hause war, ließ er sich nichts anmerken. Er wirkte gesund, war kräftig und fleißig, als ob ihm nichts fehle.

Der Vater führte mich unter anderem in die Geheimnisse der Sechsfelderwirtschaft ein, und in die Kunst der Geburtshilfe bei Tieren. Bei uns wurden hauptsächlich Roggen, Weizen, Braugerste, Rotklee, Kartoffeln und Futterrüben angebaut, nie aber zwei Jahre nacheinander das Gleiche auf einem Feld. Bei jedem Feld wechselte die Fruchtfolge sechs Jahre lang, dann erst fing man mit der ersten Frucht wieder von vorn an. Damit man nicht durcheinanderkam, musste man für jedes Feld genau Buch führen.

Der Vater erklärte mir, dass jede Feldfrucht andere Nährstoffe aus dem Boden ziehe. Wenn man also von Jahr zu Jahr wechselte, konnte sich der Boden wieder erholen. Auch gegen Feldschädlinge war das eine wirkungsvolle Methode. Sollte sich mal ein

Roggenschädling im Boden eingenistet haben, hatte der kaum eine Überlebenschance, wenn in den nächsten fünf Jahren etwas anderes angebaut wurde. Auf diese Weise blieben die Äcker gesund, sie wurden weder mit Kunstdünger noch mit Spritzmitteln belastet.

Während alle Samenkörner von Hand in großem Bogen aufs Feld gestreut wurden, hatte der Vater für das Säen von Kleesamen einen eigenen Kasten mit Windrad. Den hatte er mal irgendwo erstanden und hielt ihn hoch und heilig. Das Säen von Hand überließ er meinem Bruder und mir, sobald er uns für reif genug dafür hielt. Aber an seinen Kleesamenkasten ließ er lange Zeit keinen ran, damit hat er immer selbst gesät, indem er sich den Kasten umhängte und an einer Kurbel drehte. Bald schon war ich mir sicher, dass er uns nicht deshalb von diesem Wunderwerk der Technik fernhielt, weil er fürchtete, wir seien damit überfordert – und auch nicht, weil er glaubte, wir könnten daran etwas kaputt machen. Ich glaube, er hatte einfach so viel Freude daran, mit diesem Gerät zu hantieren, dass er sich diese nicht nehmen lassen wollte.

Eine andere Sache aber, an die er auch lange keinen von uns heranließ, war, wenn eine Kuh zum Kalben kam. Er hegte die Besorgnis, dass das niemand sonst so gut hinkriege wie er. Nur einen gab es im Dorf, den achtete er in dieser Kunst noch höher: den Gemeindediener Hausner, den ich bereits erwähnt habe. Der wurde aber erst dann gerufen, wenn der Vater sich mit seinem Latein am Ende fühlte.

Einmal aber, als sich eine äußerst schwierige Geburt ankündigte – bei dem Kalb war der Fruchtsack verdreht –, überging der Vater den Hausner und ließ tatsächlich den jungen Tierarzt rufen, der sich erst vor einigen Monaten in unserem Dorf niedergelassen hatte und von dem die Bauern nur Gutes zu berichten wussten. Der sei ein studierter Mann, begründete er seine Entscheidung.

»Der wird mit diesem Problem gewiss zurechtkommen«, sagte er. »Er kostet mich zwar einen Haufen Geld, aber was hilft es? Wenn das Kalb draufgeht, und die Kuh womöglich noch dazu, kommt mich das teurer zu stehen.«

Der Tierarzt rückte also an, besah sich die Kuh, langte hierhin und dorthin, konnte den Fruchtsack jedoch nicht drehen. »Ich gebe dir einen Rat«, sagte nach kurzer Zeit der studierte Viehdoktor. »Wenn du dein Kalb retten willst, lass den Hausner kommen. Der ist ein erfahrener Mann und weiß sich in solchen Fällen besser zu helfen als unsereiner.«

Der Hausner ließ sich nicht lange bitten. Und tatsächlich, mit zwei, drei Handgriffen drehte er den Fruchtsack, wobei der Tierarzt interessiert zuschaute. Wir bekamen ein gesundes Mutterkalb, und die Kuh überstand die Geburt ohne Schaden.

Je älter der Vater wurde, desto mehr klagte er, dass er nach und nach seine Altersgenossen verliere. Bald war er von seinem Jahrgang nur noch allein übrig, sogar der Hausner, der um ein, zwei Jahre jünger war als er, war schon abberufen worden.

»Bub«, meinte mein Vater zu mir, »es ist nicht schön, wenn man keine Freunde mehr hat. Es ist langweilig, ohne sie weiterzuleben. Ich hätte auch nicht gedacht, dass mich der Herrgott so lange auf der Erde lässt.«

Um ihn ein wenig von seinen trübsinnigen Gedanken abzulenken, bat ich ihn dann, von früher zu berichten. Wenn er am Erzählen war, blühte er für eine Weile auf – besonders, wenn es um die Originale ging, von denen es in seiner Jugendzeit einige gegeben hatte. Da war zum Beispiel ein Bauer, der muss ein lustiger Kerl gewesen sein. Weil der im Wirtshaus immer wieder interessante Geschichten verzapfte, wurde er von allen nur noch »der Zapfer« genannt. Was von diesen Geschichten der Wahrheit entsprach, und was von ihm erfunden worden war, wusste bald keiner mehr zu unterscheiden. Trotzdem hörte man ihm gerne zu, denn es gab ja sonst nichts an Unterhaltung. Der Zapfer erzählte aber nicht nur Geschichten, er inszenierte auch welche.

»Einmal«, so erzählte mir mein Vater, »kam der Barthl ins Wirtshaus und reichte dem Zapfer zur Begrüßung die Hand. Danach schaute sich der Zapfer lange aufmerksam seine rechte Hand an. ›Was hast denn?‹, fragte ich ihn. Darauf er: ›Ich schau nur, ob meine Finger noch alle dran sind. Dem Kerl ist nicht zu trauen.‹ Ein andermal«, so berichtete mein Vater, »hat der Bräu vom Moos mit einer Anzeige in der Zeitung zum Eisstockschießen auf seinem zugefrorenen Weiher eingeladen. In der Anzeige stand ausdrücklich: *Eisstöcke mitbringen.*« Für die Nichtbayern sei hier erklärt: Ein Eisstock ist ein rundes

Gebilde aus Holz, mit einem Griff oben dran und mit einem Eisenring versehen. Man lässt ihn bei einem Wagner für viel Geld herstellen, und er ist der ganze Stolz seines Besitzers. »Statt aber einen echten Eisstock mitzubringen, kam der Zapfer mit einem Kinderschlitten, auf dem er ein paar Stücke vom Stockholz hatte.« Stockholz wird das Wurzelholz der Bäume genannt. Damit ließ sich natürlich nicht Eisstock schießen.

Der Zapfer, der so gern die Leute unterhielt, war nicht dumm. Er wusste, wie man Geld sparte. Auf seinem Hof beschäftigte er immer ganz junge Knechte und Mägde, weil er denen nicht so viel Lohn zahlen musste.

Ein anderes Original aus der Jugendzeit meines Vaters war der Kramer-Wastl, von dem er Folgendes erzählte: »In der Zeit bis 1930 gab es noch kein Radio, Autos und Fernseher erst recht nicht. Da blieb den Männern nichts anderes übrig, als sich in Vereinen, in einer Gesellschaft oder am Stammtisch mit Kartenspiel zu unterhalten. Da es dabei um kleine Geldbeträge ging, artete das öfter in Raufereien aus. Da damals jeder Mann ein Messer bei sich trug, wurde auch schnell mal eines gezückt und zugestochen. Einmal, als es zu einer Massenrauferei gekommen war, wusste sich der Pfarrer keinen anderen Rat mehr und läutete eigenhändig die Kirchenglocken, um die Streithähne auseinanderzubringen. In diese bewusste Stecherei war auch der Wirt verwickelt. Er und einige andere wurden zu einigen Wochen Haft verdonnert, die sie in Mühldorf absitzen mussten.«

Weiter berichtete mein Vater, diese Stechereien seien dermaßen ausgeartet, dass sich die Obrigkeit genötigt sah, eine Vorschrift zu erlassen: *Das Tragen von feststehenden Messern ist von nun an verboten!*

Kurz nachdem dieses Verbot in Kraft getreten war, beobachtete man den Kramer-Wastl, wie er über den Marktplatz von Kraiburg an einer Schnur sein Messer hinter sich herzog. Natürlich kam sogleich der Gendarm gelaufen und stellte den Wastl zur Rede.

Darauf der Wastl treuherzig: »Ich brauch das Messer bei meiner Arbeit. Da ich es aber nicht mehr tragen darf, muss ich es ziehen.«

Unter dem Gelächter der Zuschauer, die sich im Nu um die beiden angesammelt hatten, weil sie eine Vorstellung erwarteten, zog der Polizist schleunigst ab.

Trotz aller Aufmunterungsversuche war nicht zu übersehen, dass es mit dem Vater gesundheitlich weiter bergab ging, zumal sein Lebenswillen immer mehr nachließ. Im Januar 1970 hatten wir mal wieder den Arzt im Haus, weil sich der Vater oft so müde und schlapp fühlte.

Nachdem der Doktor ihn eingehend untersucht hatte, eröffnete er uns: »Mit eurem Vater kann es ganz plötzlich zu Ende gehen.«

Doch vorerst sollte der Arzt nicht recht bekommen. Als das Frühjahr ins Land zog, rappelte sich der Vater wieder auf und genoss es immer mal, auf der Hausbank in der Sonne zu sitzen und seinen

Enkelkindern beim Spielen zuzuschauen. Im Juni aber mochte er morgens nicht mehr aufstehen. Manchmal kam er mittags noch runter, um mit uns gemeinsam zu essen. Nach ein paar Stunden war er aber froh, wenn er wieder in sein Bett schlüpfen konnte.

Eines Mittags stellte er nach der Mahlzeit fest: »Ich glaube, jetzt geht es mit mir zu Ende, ich spüre meinen linken Arm schon nicht mehr.«

Meine Mutter, Resi und ich führten ihn in sein Bett und setzten uns zu ihm. Er schnaufte noch ein paarmal, und dann hatte ein wunderbares Vaterherz aufgehört zu schlagen. Der herbeigerufene Arzt erklärte uns, dass der Vater letztlich an Nierenversagen gestorben sei. Er hatte das gesegnete Alter von fünfundachtzig Jahren erreicht.

Meine Mutter überlebte den Vater um fünf Jahre. Sie, die immer noch munter gewesen war und in der Küche mitgeholfen hatte, fühlte sich im April 1975 überraschend müde und schlapp, sodass sie nicht mehr aufstehen mochte. Nun erhob sich die Frage, wer sie pflegen sollte. Laut Übergabe-Vertrag waren wir dazu verpflichtet, meine Frau hätte diese Aufgabe auch ohne Klagen übernommen. Zufällig aber kam meine Schwester Margret ins Haus und hatte ein langes Gespräch mit der Mutter. Danach erklärte sie mir, sie habe zurzeit keine Arbeit und wäre bereit, die Mutter in ihrem, Margrets, Haus zu pflegen, wenn ich dafür entsprechend zahle. Das war immerhin ein faires Angebot. Ich willigte aber erst ein, nachdem ich von meiner Mutter gehört hatte, dass das für sie auch in Ordnung war. Sie sollte nicht das Gefühl haben, dass sie von uns abgeschoben würde.

Wir brachten die Mutter also zu Margret, wo sie von ihrer Tochter wirklich liebevoll gepflegt wurde. Drei Monate später verlosch ihr Leben. Sie war ebenfalls fünfundachtzig Jahre alt geworden.

# Ottilie berichtet weiter

## Und es wird gut

Wir hatten großes Glück gehabt! Nachdem wir geheiratet hatten, sollte der Krieg nur noch fünf Monate dauern. Schon bald nach Kriegsende kehrte mein Mann unversehrt nach Hause zurück. Nun konnten wir mit vereinten Kräften den Hof bewirtschaften und ihn wieder in die Höhe bringen.

Allerdings dauerte es fast drei Jahre, bis wir endlich Nachwuchs bekommen sollten. Wie waren wir glücklich, als sich endlich das erste Kind anmeldete! Wir hatten die Hoffnung schon fast aufgegeben. Als die Wehen einsetzten – es war zum Glück Sommerszeit –, fuhr mein Mann mit Pferd und Kutsche nach Kraiburg, um die Hebamme abzuholen. Es war eine junge Person namens Rosalie Linner, über die ich bereits viel Positives gehört hatte. Später sollte sie als Verfasserin zahlreicher Landhebammen-Bücher weithin bekannt werden. Mit unendlicher Geduld stand sie mir bei, obwohl sich die Geburt lange hinzog und ich gewiss nicht geduldig war.

»Ach, wenn ich doch grad sterben könnte«, jammerte ich ein ums andere Mal, weil es gar so wehgetan hat.

Die Hebamme war es dann, die mich immer wieder aufzumuntern verstand: »Wenn man so jung ist, sollte man noch nicht sterben wollen. Der Schmerz geht vorbei, und nachher, wenn das Kind da ist, ist alles vergessen und die Freude riesengroß.«

Sie sollte recht behalten. Endlich war er da, der Stammhalter, dem wir den Namen Anderl gaben. Er war ein kräftiger gesunder Bub, über den sich sein Vater riesig freute und die frischgebackene Großmutter ebenfalls. Dass ich glücklich war, versteht sich von selbst.

Zwei Jahre danach kam ich wieder in die Wochen. Inzwischen hatten wir uns einen VW angeschafft. Mit diesem holte mein Mann die Hebamme Rosalie ab. Diesmal ging es mit der Entbindung so schnell, dass ich gar nicht zum Jammern kam. Kaum hatte Frau Linner das Haus betreten, war auch schon das kleine Mädchen da, eine Maria. Über dieses war die Freude genauso groß wie über den Erstgeborenen.

Im Jahre 1951 musste mein Mann die Hebamme abermals zu uns holen. Weil das bei der Maria so schnell gegangen war, trieb ich ihn zur Eile an. Er war auch schon bald mit Frau Linner zurück, aber die Entbindung zog sich hin. Wehe um Wehe verging, und es tat sich nichts.

»Wieso dauert das so lange?«, fragte ich sorgenvoll. »Stimmt etwas nicht?«

»Doch, doch, es ist alles in Ordnung. Das Kind hat die ideale Lage, aber der Muttermund öffnet sich nur zögerlich. Das ist kein Grund zur Besorgnis.«

Wieder hatte Rosalie recht. Nach vielen Stunden tat unser Hans in seinem Vaterhaus den ersten Schrei. Wie erleichtert waren wir alle!

Im Februar 1954 erwartete ich mein viertes Kind. Da es Winterszeit war, hatten wir beschlossen, dass dieses Kind im Krankenhaus zur Welt kommen sollte. Das würde der Hebamme die Wochenpflege erleichtern, und für mich war es auch ganz schön, mal von allen häuslichen Pflichten weg zu sein. Meine Schwiegermutter war noch rüstig genug, um unsere drei Kinder zu versorgen.

Als die Wehen einsetzten, packte mich mein Mann ins Auto – es lag nur mäßig Schnee – und brachte mich ins Krankenhaus. Auch hier entband ich unter den fachkundigen Händen der Rosalie Linner. Nach zwei Stunden war am 20. Februar unsere zweite Tochter da, die Elisabeth. Es war alles ganz leicht und unkompliziert verlaufen, und diese Entbindung wäre nicht erwähnenswert gewesen, wenn nicht der Heimweg am 1. März angestanden hätte. Ein Blick aus dem Fenster hatte mir angezeigt, dass es mächtig schneite. Trotzdem stand mein Mann mit unserem Auto pünktlich vor dem Krankenhaus-Eingang, um Mutter und Kind abzuholen.

Zunächst kamen wir auch gut voran. Aber der Flockenfall wurde immer dichter, sodass die Sicht erheblich behindert war. Die Schneeschicht auf der Straße wurde immer höher, obwohl die Schneepflüge pausenlos im Einsatz waren. Nachdem wir uns bis zum Wirtshaus unseres Dorfes durchgekämpft hatten, ging nichts mehr, denn der Weg zu uns hinaus wurde nicht geräumt. Uns blieb nichts anders übrig, als das Auto am Wirtshaus stehen zu lassen. Wie aber sollten wir nach Hause kommen?

Während ich mich in der Gaststube mit dem Säugling aufwärmte, stapfte mein Mann durch den Tiefschnee nach Hause. Es schien mir wie eine Ewigkeit, bis er endlich mit Ross und Schlitten zurück war. Warm in Schaffelle gehüllt, traten wir dann den Rest der Heimfahrt an. Damit war unsere Familie komplett.

Das alles ist nun schon eine Ewigkeit her, und man lächelt heute darüber, mit welchen Problemen man damals zu kämpfen hatte. Als die Kinder erwachsen wurden, kamen Schwierigkeiten ganz anderer Art auf uns zu. Hatten wir mit der Geburt unseres Sohnes Anderl geglaubt, der Fortbestand des Hofes als Familienbetrieb sei zumindest für eine weitere Generation gesichert, so sahen wir uns getäuscht. Wir hatten ihn doch eigens als Hoferben aufgezogen und ihn in allem, was nötig war, unterwiesen. Doch dann verliebte er sich in ein Mädchen, das daheim einen eigenen Hof hatte, und dieser war wesentlich größer als der unsere. Wir konnten es unserem Sohn nicht verdenken, dass er dort einheiraten wollte, deshalb versuchten wir erst gar nicht, es ihm auszureden. Er ist dann auch mit seiner Gretl glücklich geworden, und sie haben uns drei muntere Enkel beschert: Christine 1967, Stephan 1971 und Ludwig 1977.

Nun ja, dachten wir, dann kommt halt unser zweiter Sohn zum Zuge. Bei dem zeigte sich aber schon sehr bald, dass er mit Landwirtschaft im eigentlichen Sinne nicht viel am Hut hatte.

»Nein«, erklärte er uns rundweg, nachdem er nach seiner Schulzeit zwei Jahre bei uns auf dem

Hof gearbeitet hatte, »so wie ihr euch abrackert, möchte ich mich nicht mein Leben lang abmühen müssen. Ich will Landmaschinen-Mechaniker werden, das ist ein Beruf mit Zukunft. Denn immer mehr Bauern setzen immer mehr Maschinen ein, und die müssen gewartet und repariert werden. Man verdient dabei gut und hat mehr Freizeit.«

Das leuchtete uns ein, deshalb legten wir ihm keine Steine in den Weg. Wir würden wohl auf eine der Töchter zurückgreifen müssen, wenn der Hof weiterhin existieren sollte. Erfreulicherweise zeigte unsere Maria großes Geschick und großes Interesse an der Landwirtschaft. Elisabeth, ihre jüngere Schwester dagegen, entschloss sich schon bald dazu, eine Schneiderlehre zu machen. Sie fand einen braven Mann, der in einer Fabrik arbeitete, und lebt heute mit ihm in der Stadt. Diesen beiden verdanken wir die Enkel Thomas, geb. 1981 und Markus, geb. 1983.

Also blieb der Hof tatsächlich an Maria hängen, die eine begeisterte Bäuerin wurde. »Jetzt braucht sie nur noch einen tüchtigen Bauernburschen zu finden, der bei uns einheiratet«, sagte ich zu meinem Mann, »dann können wir gelassen in die Zukunft schauen.«

Doch das Schicksal hatte es anders geplant. Als Maria bereits vierundzwanzig war, fiel mir auf, dass sie immer stiller und in sich gekehrter wurde. Ich wagte aber nicht, zu fragen.

Eines Abends, als alle anderen schon zu Bett gegangen waren, rückte sie endlich raus mit der Sprache: »Mutter, ich erwarte ein Kind.«

Es verschlug mir zunächst die Sprache. Wie hatte das passieren können? Hatte ich irgendetwas versäumt? Nein, sprach ich mir selbst Mut zu, du hast sie rechtzeitig aufgeklärt und sie eindringlich vor der List der Männer gewarnt. Endlich rang ich mich zu der Frage durch: »Und, wirst du den Kindsvater heiraten?«

»Nein«, war ihre klare knappe Antwort, die mich noch mehr erschütterte. Doch ich kannte meine Tochter gut genug, um zu wissen, dass ich in dieser Richtung keine weiteren Fragen zu stellen brauchte. Deshalb stellte ich eine andere: »Wann wird es so weit sein?«

»Im Februar.« Ich atmete hörbar auf. »Dann haben wir ja noch vier Monate Zeit. Das reicht, um es deinem Vater schonend beizubringen.«

Das war für mich gar nicht so einfach. Von einem Tag auf den anderen verschob ich dieses Gespräch. Doch als das Bäuchlein anfing, sich zu runden, musste es endlich sein.

»Nein, diese Schande!«, war sein erster Kommentar. »Weißt wenigstens, wer der Vater ist?«, wollte er von mir wissen.

»Nein, natürlich nicht. Das Dirndl redet ja nichts. Sie muss sehr verletzt sein. Vermutlich steckt eine sehr enttäuschende Liebesgeschichte dahinter. Seien wir froh, dass sie sich mir endlich anvertraut hat und keine Dummheiten macht.«

Mit äußerstem Unbehagen sahen wir dem Geburtstermin entgegen. Das hatte uns gerade noch gefehlt, ein lediges Kind auf dem Hof! Das würde doch die Heiratschancen unserer Tochter erheblich einschränken, und wir brauchten doch so notwendig einen jungen Mann für den Betrieb.

Als bei Maria die Wehen einsetzten, brachte ich sie ins Krankenhaus. Mit dem Wetter hatten wir mehr Glück als bei der Geburt unserer Tochter Elisabeth, sowohl auf dem Hin- als auch auf dem Rückweg: Die Straßen waren schnee- und eisfrei. Ich blieb so lange im Krankenhaus, bis das Kind da war. Erleichtert atmete ich auf, als man mir ein kerngesundes Mädchen in den Arm legte, dem meine Tochter den Namen Monika gab. Gleichzeitig spürte ich, wie eine Welle von Liebe und Zuneigung zu diesem Kind in mir aufstieg.

Am späten Abend konnte ich endlich meinem Mann von der glücklichen Geburt der kleinen Monika berichten. »Auch das noch!«, war sein erster Kommentar. »Wenn's doch wenigstens ein Bua wär. Dann hätten wir in absehbarer Zeit eine Hilfe.«

So ähnlich dachte ich allerdings auch. Niemand von uns konnte damals ahnen, dass es ausgerechnet dieses Kind sein würde, das es eigentlich gar nicht hätte geben sollen – das Kind, das wir vor seiner Geburt vehement abgelehnt hatten und das niemand von uns haben wollte –, welches zum Segen für uns im Alter werden sollte. Doch davon später.

Zunächst will ich weiter über meine Tochter Maria erzählen. Sobald das Kind da war, wurde sie eine liebevolle Mutter, deren Traurigkeit mit der Zeit immer mehr nachließ. Dennoch schaute sie nie wieder einen Mann an. Mit meinem Mann zusammen verrichtete sie die schweren Arbeiten auf dem Feld und auf dem Hof, während ich mich weitgehend um den Haushalt und um das Kind kümmerte, das mir immer mehr ans Herz wuchs. Um kein Geld in der Welt und um keinen Buben hätte ich es mehr hergegeben. Mir tat nur leid, dass die kleine Monika bei uns so einsam aufwuchs. Keine Spielkameraden weit und breit. Meine Kinder, da sie so dicht nacheinander geboren waren, hatten immer Gesellschaft gehabt und fremde Kinder nicht vermisst. Bis auf den Ältesten hatten sie ihren Schulweg nie allein zurücklegen müssen. Monika dagegen musste immer allein zum Schulbus tippeln, der etwa einen Kilometer von unserem Haus entfernt abfuhr. Damit sie doch mit Gleichaltrigen zusammen sein konnte, erlaubten wir ihr gelegentlich, am Nachmittag ins Dorf zu gehen, um sich mit Spielkameraden zu treffen. So gewann ich bald den Eindruck, dass sie trotz allem glücklich heranwuchs.

Über Monikas Vater sprach die Mutter nie, und ich glaube, dass die Kleine ihn auch nicht vermisste. Sie kannte das Leben ja nicht anders, als dass Mutter, Oma und Opa immer für sie da waren. Denn auch der Großvater liebte dieses Enkelkind bald heiß und innig und ersetzte ihm den Vater voll und ganz.

Das mit der Landwirtschaft lief ganz gut, obwohl bei uns eigentlich ein junger Mann fehlte. Man hatte ja die nötigsten Maschinen. Als die Kräfte des Großvaters nachließen, war Monika schon so weit herangewachsen, dass sie einen Teil seiner Pflichten übernehmen konnte. Auch kam mein Sohn Hans immer wieder, um bei den schweren

Arbeiten zu helfen. So wurschtelten wir uns einige Jahre durch.

Im Dezember 1994 sollte sich der Tag, an dem ich meinen Andreas geheiratet hatte, zum fünfzigsten Mal jähren. In Gedanken machte ich schon Pläne, wie wir dieses Fest begehen wollten. Doch dann im Oktober geschah das Unglück: Mein Mann erlitt einen Schlaganfall. Obwohl er ziemlich bald ins Krankenhaus eingeliefert worden war, kam er nach einigen Wochen als Pflegefall nach Hause. Damit wurde unser ganzes bisheriges Leben auf den Kopf gestellt. In die Küche kam ein Pflegebett, damit mein Mann weiterhin am Familienleben teilnehmen konnte. Monika war es nun, welche die Pflege des Großvaters, die sich wirklich als nicht sehr einfach herausstellte, voll und ganz übernahm.

Im Dezember fand die Goldene Hochzeit statt, wenn auch ganz anders, als ich sie mir in Gedanken ausgemalt hatte. Statt in einem Wirtshaus feierten wir in unserer Küche, mit allen Kindern, Schwiegerkindern und Enkeln. Selbst alle meine Geschwister kamen, bis auf die beiden Klosterschwestern. Das Festmahl bereiteten Maria und Monika zu, wobei ihnen meine Schwägerin Resi, also Tonis Frau, zur Hand ging. So waren wir eine nette kleine Runde, und mein Mann genoss die Aufmerksamkeit, die dem Jubelpaar zuteilwurde.

Nach Weihnachten verschlechterte sich sein Zustand, und nach einem zweiten Schlaganfall, den er am 25. Januar 1995 erlitt, verstarb er in unserer Küche, im Beisein von mir, unserer Tochter Maria und seiner Enkelin Monika. Das war an einem Tag, an dem es so fürchterlich regnete, dass der Arzt, der den Totenschein ausstellen sollte, sich zu Fuß zu uns bemühen musste. Es war nämlich eine Warmfront heraufgezogen. Nicht nur, dass das Wasser wie ein Sturzbach den Weg hinunterschoss und die kleine Brücke am unteren Wegesende überflutete, sodass sie für ein Auto unpassierbar war – der Weg war auch dermaßen aufgeweicht, dass die Räder stecken geblieben wären. Zwei Tage später kehrte die Winterkälte zurück, und am Tage der Beerdigung schneite es in dichten Flocken, sodass bald alles unter einem dicken weißen Tuch begraben war.

Es war schon ein herber Verlust für mich, den geliebten Mann so plötzlich zu verlieren, aber ich verfiel nicht in Klagen. Stattdessen dankte ich dem Himmel immer wieder, dass ich meinen Andreas fünfzig Jahre hatte behalten dürfen. Denn damit hatte man an unserem Hochzeitstag im Dezember 1944 nicht rechnen können.

Leider hat mein Mann die Freude nicht mehr miterleben dürfen, dass uns Monika drei Jahre später einen netten Schwiegerenkel ins Haus brachte. Peter, ein gelernter Radio- und Fernsehtechniker, half in seiner Freizeit in der Landwirtschaft mit, so gut er konnte. Im Jahre 1999 wurde dem Paar Tochter Lisa geboren, und im Jahre 2002 Sohn Michael. Wie viel Freude erlebte Monikas Mutter in den folgenden Jahren an ihren Enkeln!

Doch eines Tages fiel mir auf, dass ihr die Arbeit in der Landwirtschaft immer schwerer fiel. Sie wurde blasser, magerte ab und klagte Anfang Februar 2005 über Schmerzen im Rücken und im Unterleib.

»Geh doch zum Arzt«, empfahl ich ihr eindringlich.

Am 21. Februar ließ sie sich endlich von ihrem Schwiegersohn zum Arzt fahren. Peter kam aber ohne sie zurück. »Der Doktor hat nicht lange mit sich verhandeln lassen«, berichtete er uns. »Er hat sie sofort ins Krankenhaus überwiesen.«

Schon bald bekamen wir die fürchterliche Diagnose: Krebs! Es ließ sich nicht mehr feststellen, an welcher Stelle er begonnen hatte, er hatte schon im ganzen Unterleib gestreut. Die Knochen waren befallen, der Darm, die Nieren, die Geschlechtsorgane. Bis Anfang April behielt man Maria in unserem Krankenhaus. Dann schickte man sie nach Innsbruck in eine Spezialklinik, aber nicht, weil man glaubte, sie dort heilen zu können, sondern, um ihr die letzten Tage einigermaßen erträglich zu machen. Am 18. April schloss sie dort die Augen für immer. Das war furchtbar für mich.

Dass ich meinen geliebten Mann verloren hatte, war schlimm. Aber er hatte immerhin das gesegnete Alter von zweiundachtzig Jahren erreicht und sein Leben gelebt. Wenn man aber einem Kind ins Grab schauen muss, einem Kind, das erst fünfundfünfzig Jahre zählt, ist das wesentlich schlimmer. Natürlich macht man sich Gedanken, warum sie so früh hat sterben müssen. Manchmal denke ich dann, die arme Maria hat ihren ganzen Kummer in sich hineingefressen. Ihr hatte die Gabe gefehlt, sich alles von der Seele reden zu können.

Für meine Enkelin Monika war es ein noch weit schlimmerer Schlag. Für ein Kind ist es sehr hart, die Mutter so früh zu verlieren. Mit Maria hatten wir auch unsere wichtigste Arbeitskraft auf dem Hof eingebüßt. Ein Jahr lang plagten sich Monika und ihr Mann auf dem Anwesen allein weiter. Dann sahen sie ein, dass sie damit auf keinen grünen Zweig kommen würden. Es hätte nicht gelohnt, weitere arbeitssparende Maschinen anzuschaffen; dazu war der Grundbesitz zu klein. Also verpachteten sie alle Wiesen und Äcker und leben nun nur noch von dem, was Peters Beruf einbringt. Dadurch ist ihr Leben wesentlich leichter geworden.

Nun möchte ich noch mal auf meine Schwester Resi zu sprechen kommen, die Schwester, die im Alter von vier Jahren verschenkt worden ist. All die Jahre hatte es mir keine Ruhe gelassen, dass ich nichts über sie erfuhr. Und so oft ich auch innerlich einen Anlauf genommen hatte, einfach mal die Tante zu besuchen und nach meiner Schwester zu fragen, so hielt mich doch immer etwas davon ab. Im Jahre 1948 sollte ich endlich etwas über Resi erfahren.

Mit meinem kleinen Anderl, der gerade ein Jahr alt war, weilte ich für ein paar Stunden im Elternhaus, wo wir den Namenstag meines Bruders Anton feierten. Beiläufig erwähnte meine Mutter: »Die Resi ist bei den Benediktinerinnen im Kloster Frauenwörth eingetreten. Am 18. Oktober wird ihre feierliche Einkleidung sein. Da wollen wir natürlich hin.«

Von dieser Neuigkeit war ich überwältigt, gleichzeitig war ich in meinen Empfindungen hin- und hergerissen. Wieso wollte sie »natürlich hin«, obwohl sie dieses Kind vor dreiundzwanzig Jahren abgeschoben und sich seitdem nicht mehr drum gekümmert hatte? Was wollte sie da? Die liebende Mutter spielen? Waren in ihr endlich mütterliche Gefühle für diese Tochter erwacht? Oder hoffte sie, von dem Glanz, der mit einer Einkleidung verbunden ist, etwas abzubekommen?

Egal, was immer sie fühlte oder dachte, ich würde es nie erfahren. Für mich war in dem Moment nur wichtig, dass ich wusste, wo sich meine Schwester aufhielt, dass sie sich auf neutralem Boden befand und ich sie problemlos besuchen konnte. Ja, ich musste hin, schon sehr bald, noch vor der Einkleidung. Ich musste die Gelegenheit nutzen, mit ihr allein zu reden – nicht an ihrem Ehrentag, wo sie von zahllosen Verwandten und Mitschwestern umgeben sein würde.

Schon am folgenden Sonntag machte ich mich mit dem Radl auf den Weg. Meinen Sohn ließ ich in der Obhut meiner Schwiegermutter. Doch während ich so vor mich hin strampelte, stiegen mir Bedenken auf. Wie würde meine Schwester reagieren, wenn ich so unverhofft auftauchte? Würde sie mir vorwerfen, warum ich mich nicht eher um sie gekümmert hätte, weshalb ich erst jetzt käme und nicht damals, als sie dringend einen Menschen gebraucht hätte, der sie verstand? »Warum störst du mich, wo ich jetzt endlich meinen Seelenfrieden gefunden habe?«, würde sie möglicherweise fragen.

Egal, ich musste hin. Es war wie ein Sog, und ich trat fester in die Pedale. Ziemlich abgekämpft kam ich an der Schiffsanlegestelle am Chiemsee an. Da war es geradezu eine Erholung für mich, dass ich mein Radl aufs Schiff schieben, mich gemütlich hinsetzen und den Wellen zuschauen konnte.

Dann stand ich auf der Fraueninsel vor dem altehrwürdigen Klostergebäude. Mein Herz klopfte bis zum Hals. Was würde geschehen, wenn ich jetzt die Glocke betätigte? Noch konnte ich umkehren. Aber nein, man radelte nicht vierzig Kilometer, um dann zu kneifen. Ich streckte meine Hand aus und zog an dem metallenen Glockenseil. Wenig später öffnete mir eine freundliche Pfortenschwester und fragte nach meinem Begehr. Mir steckte ein Knödel im Halse, deshalb brachte ich nur mühsam heraus: »Mein Name ist Ottilie Edelhofer. Könnte ich meine Schwester Resi sprechen?« Ich hatte absichtlich meinen Mädchennamen genannt, damit man erkennen sollte, dass ich mit Resi verwandt war.

»Aber selbstverständlich«, antwortete die Schwester, indem sie mich ins Haus führte. »Warten Sie hier in unserem Besucherzimmer.«

Nach einigen Minuten, die mir wie eine Ewigkeit vorkamen und in denen ich mir mehr als einmal sagte: »Jetzt kannst du noch weglaufen!«, ging die Tür auf. Da stand sie vor mir: unverkennbar eine Edelhofer. Einige Sekunden verharrten wir, uns gegenseitig von oben bis unten betrachtend. Dann stürzten wir aufeinander zu und fielen uns in die Arme.

»Endlich!«, stieß die Resi aus. »Ich hab so auf dich gewartet!«

Und dann ging es ans Erzählen. Alles, was sich während der dreiundzwanzig Jahre in ihr aufgestaut hatte, brach sich Bahn.

In den ersten Jahren bei der Tante sei es noch einigermaßen erträglich gewesen, abgesehen von dem Heimweh, das sie geplagt hätte. Da sei Otto noch ein lieber kleiner Kerl gewesen, den sie gern betreut habe. Als er aber drei oder vier gewesen sei, habe man ihn wie einen Prinzen behandelt, sodass er sich bald als ein solcher fühlte und aufspielte. Sie aber sei vom Pflegekind zu einer Sklavin degradiert worden. An manchen Tagen habe sie mehr Schelte und Schläge gekriegt als zu essen. Oft habe sie sich hungrig in den Schlaf geweint. Die Zeit, die sie in der Schule habe verbringen dürfen, seien ihre schönsten Stunden gewesen. Das Lernen habe ihr Freude gemacht, da habe sie alle häuslichen Pflichten und Schikanen vergessen können. Schweren Herzens habe sie nach dem Unterricht wieder den Heimweg angetreten. Dann sei die Schinderei weitergegangen. Ihre Hausaufgaben habe sie nur heimlich am Abend erledigen können, wenn ihr vor Müdigkeit schon die Augen zufielen.

»In dieser Zeit habe ich oft ans Abhauen gedacht. Aber wohin hätte ich gekonnt? Selbst wenn ich den Weg nach Hause gefunden hätte, noch am selben Tag hätte mich die Mutter zurückgebracht. Dann wäre es mir wahrscheinlich noch schlechter ergangen als zuvor«, sagte sie mir wörtlich.

Nachdem Resi die Volksschule beendet hatte, besuchte sie noch die Fortbildungsschule, wie das damals für alle Kinder verbindlich war. »Das war glücklicherweise Pflicht, denn so entkam ich wenigstens einmal in der Woche dem schweren Einsatz in der Landwirtschaft«, erklärte sie mit wehmütigem Lächeln. Die Fortbildungsschule wurde auch Feiertagsschule genannt, weil der Unterricht in einigen Jahren nur an Sonntagen stattgefunden hatte. Die Bauern hatten sich nämlich geweigert, ihre Kinder – oder ihre Angestellten – an einem Werktag zur Schule zu schicken, weil sie diese unter der Woche dringend zur Arbeit brauchten.

Weiter erzählte die Resi: »Als der Otto so zehn oder elf war, wurde er ein richtig netter Kerl. Er half mir schon mal, wenn er sah, dass ich mit einer Arbeit in Zeitdruck war. Selbst dann noch, wenn seine Mutter sagte: ›Das brauchst nicht. Lass die das allein machen.‹ Als er dann zwölf war, äußerte er den Wunsch, Priester zu werden. Das erfüllte seine Mutter einerseits mit Stolz. Einen Priester in der Familie zu haben, galt damals noch etwas. Andererseits versuchte sie, ihm das auszureden. ›Du sollst doch den Hof übernehmen‹, war ihr Hauptargument. ›Den kann doch die Resi übernehmen. Die kennt sich auf alle Fälle mit der Landwirtschaft besser aus als ich‹, war sein Einwand. ›Nein‹, wehrte sie ab, ›die gehört da nicht rein. Die ist uns doch nur zugelaufen.‹ Solche Reden taten weh. Schließlich gab Tante Anna dem Drängen ihres Sohnes nach und schickte ihn in eine Klosterschule.«

Anlässlich eines Schulausfluges zur Insel Frauenchiemsee hatte Resi das Kloster Frauenwörth kennengelernt. Seitdem hatte der Gedanke, dort einzutreten, sie nicht mehr losgelassen. Doch bevor sie volljährig war, wagte sie es nicht, der Tante davon zu erzählen. Kurz nach ihrem einundzwanzigsten Geburtstag nahm sie ihren ganzen Mut zusammen und trug der Tante ihren Wunsch vor.

Damit kam sie bei der aber schlecht an. »Was fällt dir ein, du undankbares Ding? Ist das der Dank dafür, dass wir dich ins Haus genommen haben? Wie eine Tochter haben wir dich gehalten. Wir haben dich ernährt und gekleidet, und nun, wo wir alt sind und eine Hilfe an dir haben möchten, willst du uns im Stich lassen. Nein, daraus wird nichts! Schlag dir die Idee aus dem Kopf. Du bleibst da!«, blaffte sie.

Zu strengem Gehorsam erzogen, fügte sich meine Schwester. Ja, sie glaubte sogar, der Tante etwas schuldig zu sein. Sie fühlte sich verpflichtet, ihre Dankbarkeit dadurch zu bezeugen, indem sie auf ihrem Platz ausharrte. Jeden Abend aber betete sie inbrünstig, der liebe Gott möge es möglich machen, dass sie doch noch ins Kloster eintreten könne, notfalls möge er ein Wunder wirken.

Das »Wunder« geschah dann tatsächlich. Otto, der nach dem Abitur ins Priesterseminar eingetreten war, erkrankte plötzlich an einer beidseitigen Mittelohrentzündung. Ob man dies nicht rechtzeitig erkannt hatte, oder ob er nicht richtig behandelt wurde, wusste Resi nicht zu sagen. Jedenfalls behielt er einen Schaden zurück. Fortan hatte er ernste Hörprobleme und konnte deshalb nicht Priester werden. Man legte ihm nahe, das Seminar zu verlassen. Er übernahm den elterlichen Hof, und damit war für meine Schwester der Weg frei, ins Kloster einzutreten.

»Hier habe ich meine Berufung gefunden«, erklärte sie mir lächelnden Auges. »In dieser Gemeinschaft der Schwestern, wo ich gleichberechtigt neben den anderen lebe und arbeite, fühle ich mich wohl.«

Zufrieden und erleichtert radelte ich nach Hause zurück – nicht jedoch, ohne meiner Schwester versprochen zu haben, dass ich sie vor ihrer Einkleidung noch mal besuchen werde. Das tat ich dann auch.

Leider hatte sich in der Zwischenzeit ein schreckliches Unglück ereignet. Resi, die man im Sommer mit einigen anderen Postulantinnen auf das Festland geschickt hatte, damit sie auf einem den Schwestern gehörenden Landgut arbeiten sollten, war so unglücklich in ein leeres Silo gestürzt, dass sie sich zwei Lendenwirbelbrüche zuzog. Dabei hatte sie noch riesiges Glück gehabt, dass sie nicht querschnittsgelähmt wurde. Dennoch würde sie ihr ganzes Leben lang unter den Unfallfolgen zu leiden haben. Mit der Feldarbeit war es nun für sie vorbei. Sie musste auf die Insel zurückkehren, wo sie im Mutterhaus monatelang von ihren Mitschwestern liebevoll gepflegt wurde. In diese Genesungszeit fiel mein zweiter Besuch bei ihr.

Nun war ich diejenige, die erzählen musste. Resi wollte alles wissen von zu Hause. Sie hatte ja keine Ahnung gehabt, dass nach ihr noch viele Schwestern auf dem elterlichen Hof geboren worden waren. Sie interessierte sich für den Lebensweg jeder einzelnen von ihnen. Natürlich berichtete ich ihr auch, dass unser ältester Bruder im Krieg gefallen war und dass der zweite Bruder schwer verletzt daraus zurückgekehrt war. Von meiner kleinen Familie und von dem Einödhof, auf den ich geheiratet hatte, musste ich ihr ebenfalls ausführlich berichten.

Bis zum 18. Oktober war Resi zu ihrer großen Freude wieder so weit hergestellt, dass sie an der feierlichen Einkleidung teilnehmen konnte. Dabei erhielt sie den Namen Maria Laurentia. Über die Einzelheiten der Feier, bei denen meine Eltern – wie geplant – zugegen gewesen waren, erfuhr ich durch meinen Bruder. Er hatte es sich nicht nehmen lassen, mit seiner Frau ebenfalls zu diesem Anlass nach Frauenwörth zu fahren. Endlich wollte er die Schwester kennenlernen, die kurz nach seiner Geburt »verschollen« gewesen war. Die Tante aber, bei der Resi aufgewachsen ist, war nicht zugegen. Sicher war dies das Beste für alle Beteiligten.

In der Zwischenzeit hatte ich den Führerschein gemacht, und wir hatten uns ein Auto zugelegt. So war es für mich kein Problem, am 5. Januar 1951 an Resis Zeitlicher Profess teilzunehmen. Bei ihrer Ewigen Profess, die am 5. Januar 1954 erfolgte, war ich ebenfalls zugegen. Wenn ich bei diesen feierlichen Anlässen auch kaum Gelegenheit hatte, mit meiner Schwester zu reden, so spürte ich doch, wie sehr sie sich freute, dass ich an ihren Ehrentagen dabei war.

In der Folgezeit machte ich mich immer wieder mal auf den Weg zu Schwester Maria Laurentia, besonders, wenn ich Kummer und Sorgen hatte. Von ihr strömte stets so viel Ruhe und Kraft auf mich über, dass ich meinen Alltag wieder leichter meisterte. Ein ähnliches Empfinden müssen auch meine Geschwister gehabt haben. Denn sie alle machten, nachdem sie Maria Laurentia kennengelernt hatten, immer wieder Besuch bei ihr und kehrten gestärkt in ihren Alltag zurück. In den ersten Jahren nach ihrer Ewigen Profess konnte man allerdings nur durch ein Gitter mit ihr reden, wobei noch stets eine Mitschwester zugegen war. Einige Jahre später wurden diese strengen Regeln gelockert, sodass man sich wieder im Besucherraum zwanglos mit ihr unterhalten konnte.

Nach ihrem unglücklichen Silo-Sturz arbeitete Resi zunächst aushilfsweise in der Kellerei und im Klostercafé mit. Später wurde die Klosterküche ihr ausschließlicher Arbeitsbereich. So bereitete sie in großer Treue und Gewissenhaftigkeit für alle Schwestern jahrzehntelang allein das Frühstück zu. Ins Jahr 2001 fiel ihre Goldene Profess. An den Feierlichkeiten nahmen viele Familienmitglieder teil, worüber sie sich sehr freute.

Als ihre Kräfte nachließen, ließ sie es sich nicht nehmen, noch beim Spülen mitzuhelfen, auch im Garten betätigte sie sich weiterhin. Beim Kräuter- und Beerenzupfen betete sie stets eifrig den Rosenkranz, wie sie mir sagte. Im Mai 2009 erhielt ich die Nachricht, dass sie für immer von uns gegangen sei, darüber war ich sehr bestürzt. Zu dieser Zeit lebten nur noch drei von unseren Geschwistern, sie alle kamen zur Beisetzung.

Nach dem Begräbnis luden uns die Klosterschwestern zu einem Mahl im Klostercafé ein. Bei dieser Gelegenheit überreichte man uns den Nachruf, den man auf unsere Schwester verfasst hatte. Hier ein kleiner Auszug daraus:

*Schwester Maria Laurentia war eine sehr eigenständige und originelle Persönlichkeit. In ihrem Verhalten und in ihrer Ausdrucksweise blitzten Humor und Bauernschläue auf und trugen zur Erheiterung aller bei. Im täglichen Miteinander war sie freundlich, bescheiden und gutmütig. Geradezu erfinderisch war sie im Beschaffen kleiner Gaben, die sie gerne an jedermann austeilte. Sie fühlte sich in unserer Gemeinschaft wohl und geborgen.*

*Anfang Dezember 2005 brach sich Schwester Laurentia bei einem Sturz den rechten Oberarm. Durch nachfolgende Stürze wurde sie bettlägerig. Wegen ihrer heiteren und zugewandten Art war sie eine gern besuchte Kranke. Bis zuletzt machte sie durch häufiges Singen auf sich aufmerksam. Am Nachmittag ihres letzten Lebenstages trat plötzlich eine Verschlechterung ihres Zustandes ein, was am Abend zu einem friedlichen Heimgang führte.*

*Obwohl sie nach außen hin stets fröhlich erschien, hatte sie es ihr ganzes Leben lang nicht verwunden, dass sie von ihrer Mutter verschenkt worden war.*

Ja, und bei uns auf dem Einödhof geht das Leben weiter. Mittlerweile bin ich fast vierundneunzig und kann mich an dreizehn Urenkeln erfreuen, von denen ja zwei mein Haus mit Leben erfüllen. Aber auch von den anderen taucht immer wieder mal eines bei der Uroma auf. Und was würde ich ohne meine Enkelin Monika anfangen? – Dieses Kind, das uns zuerst gar nicht willkommen war, ist zum Segen für mich geworden. Sie ist es, die mich rundum versorgt, seit meine Kräfte nachgelassen haben. Dafür bin ich dem Herrgott von ganzem Herzen dankbar.

# Toni blickt noch einmal zurück

## Auf dem Altenteil

Wie doch die Zeit vergeht! Ehe wir uns versahen, waren unsere Kinder erwachsen, und die Töchter gingen ihre eigenen Wege. Beide heirateten schon in jungen Jahren und verließen das Elternhaus. Unser Sohn aber entwickelte sich zu unserer großen Freude so, wie wir das erwartet hatten. Von klein auf zeigte er lebhaftes Interesse an der Landwirtschaft. Wo er Arbeit sah, packte er mit an, ohne dass man ihn extra dazu auffordern musste. Für mich war es eine schöne Zeit, sein Lehrmeister sein zu dürfen, so wie es vordem mein Vater für mich gewesen war. Wir verstanden uns ausgezeichnet, manchmal sogar ohne Worte. In diesen Jahren war mein Sohn wie ein jüngerer Bruder für mich.

Als das Jahr 1981 seinen Anfang nahm, dachte ich bei mir: *Nur noch einige »Lehrjahre«, dann ist er in der Lage, den Hof selbstständig zu führen. Dann kannst du dich aufs Altenteil zurückziehen.* Denn den Fehler, den mein Vater begangen hatte, wollte ich nicht wiederholen, mit der Übergabe wollte ich nicht so lange warten wie er. Mein Sohn sollte schon viel früher als ich die Möglichkeit bekommen, zu heiraten und einen Sohn zu zeugen, damit er schon bald eine Hilfe an ihm hatte. Doch dann kam der

Unglückstag, und ich war schneller auf dem Altenteil, als ich mir das ausgemalt hatte.

Es war am Spätnachmittag des 11. April 1981. Unser Sohn war unterwegs, um einem Bekannten beim Betonieren zu helfen. Da es an der Zeit war, das Vieh zu füttern, begab ich mich mit meiner Resi zum Silo. Wie jeden Tag öffnete ich einen der Seiteneinstiege, stellte die Leiter ins Silo und stieg hinab. Mit der Gabel reichte ich das Futter hinaus, das meine Frau in die Schubkarre gab. War diese voll, schob Resi die Karre zum Stall, um den Kühen ihr Futter vorzulegen Das Letzte, an das ich mich erinnere, ist, dass plötzlich die Leitersprosse unter mir nachgab. Dadurch muss ich rückwärts gefallen und mit dem Kopf gegen die Betonwand geschlagen sein. Aber daran erinnere ich mich nicht. Alles, was ich darüber weiß, ist mir später erzählt worden. Ich selbst war nämlich vierundzwanzig Stunden bewusstlos, und manch einer hätte für mein Leben keinen Pfifferling mehr gegeben.

Im Krankenhaus zu Mühldorf wachte ich am nächsten Tag auf, mit einem dicken Verband um den Kopf und an etlichen Kabeln und Schläuchen hängend. »Wie komme ich hierher?«, wollte ich von meiner Frau wissen, die schon seit Stunden treu und brav an meinem Bett Wache gehalten und auf ein Lebenszeichen von mir gewartet hatte.

»Schwester, Schwester –«, rief sie ganz aufgeregt, »er hat was gefragt!«

Sogleich stürzten einige im weißen Kittel herbei, schauten sich die Apparaturen an, die hinter meinem Haupt angebracht waren, nickten mir freundlich zu, tätschelten mir die Hand und stellten fest: »Jetzt scheint er über den Berg.«

Dann versank ich wieder in Träume.

Ja, was war eigentlich geschehen? Die gute alte Leiter, mit der ich schon Hunderte Male ins Silo gestiegen war, war vom Wurm zerfressen gewesen. Hunderte von Malen hatte sie mein Gewicht verkraftet. Am 18. April aber brach die Sprosse unter mir und zog noch die folgende in Mitleidenschaft. Durch den Sturz gegen die Betonwand lag ich dann bewusstlos auf der Gärmasse, zum Glück rücklings, sonst wäre ich wahrscheinlich erstickt.

Meine Frau, die gerade mit ihrer leeren Schubkarre zurückkam, wunderte sich, dass von meiner Seite kein Nachschub erfolgte. Deshalb schaute sie durch die Öffnung, sah mich daliegen, begriff sogleich die Gefahr, in der ich schwebte, und eilte ins Haus. Unser Glück war, dass wir gerade im Jahr zuvor einen Telefonanschluss bekommen hatten. Geistesgegenwärtig rief sie sofort die Feuerwehr an, die schon kurz darauf am Unglücksort erschien.

Wenig später kehrte unser Sohn von seinem Auftrag zurück. Er bekam einen gewaltigen Schreck, als er schon von Weitem den Trubel sah, der auf unserem Hof herrschte. Denn außer dem Feuerwehrauto standen auch ein Krankenwagen da und der Wagen des Notarztes. Beide hatte der umsichtige Feuerwehrhauptmann gleich angefordert. Männer in roter und Männer in weißer Kleidung liefen geschäftig zwischen dem Silo und den Fahrzeugen herum. Als Anton den Hof erreichte, sah er gerade noch, wie ich in den Sanka geschoben wurde.

Während die beiden Sanitäter in der Fahrerkabine saßen und mit Blaulicht und Martinshorn gen Mühldorf rasten, saß der Notarzt neben mir und überwachte meine Funktionen. Im Krankenhaus stellte man dann außer der klaffenden Kopfwunde eine schwere Gehirnerschütterung fest. Vierzehn Tage musste ich in der Klinik bleiben. Aber auch danach war ich nicht arbeitsfähig.

Vom Krankenhaus bekam ich eine Akte mit und den guten Rat, mich um die Rente zu bemühen. Es erfolgte allerlei Schriftkram, schließlich wurde ich vom Gesundheitsamt vorgeladen. Die Amtsärztin studierte zunächst aufmerksam die vorgelegten Papiere, während ich geduldig auf dem Stuhl vor ihrem Schreibtisch verharrte.

Als sie endlich aufblickte, erklärte sie: »Ich brauche Sie gar nicht zu untersuchen. Die Kollegen im Krankenhaus haben das alles sehr ordentlich dokumentiert. Daher ersehe ich aus Ihrer Akte, dass Sie nicht mehr arbeitsfähig sind.« Damit war für mich die Altersrente durch.

Wie aber war es während meines Krankenhausaufenthaltes zu Hause gelaufen?

Nachdem meine Arbeitskraft so plötzlich ausgefallen war, schmissen meine Frau und unser Sohn, obwohl er erst neunzehn war, den ganzen Laden – und nicht schlecht, wie ich bei meiner Rückkehr feststellen konnte. Auch danach blieben alle Arbeiten noch für lange Zeit am Sohn und an der Frau hängen. Allerdings konnte ich im Hintergrund Entscheidungen treffen und, wenn nötig, guten Rat geben. So lief das zwei Jahre lang ganz gut, und unser

Sohn wurde immer selbstständiger und wuchs zusehends in seine Aufgaben hinein. Mit der Zeit konnte ich dann schon wieder ein bisschen mithelfen.

Da flatterte plötzlich ein Schreiben von der Bundeswehr ins Haus. Anton wurde zur Musterung bestellt. Darüber machten wir uns keine Sorgen, denn es wird ja noch lange nicht jeder genommen, der gemustert wird. Nach seiner Musterung lief bei uns fast ein Jahr lang alles wie gehabt, dann kam der Einberufungsbefehl. Anfang September 1984 sollte Anton nach Traunstein. Das erinnerte mich schmerzlich daran, dass ich ebenfalls nach Traunstein einberufen worden war, genau vier Jahrzehnte zuvor.

Nun konnten wir die Augen nicht mehr verschließen, nun hieß es, tätig werden. Wir konnten uns doch nicht einfach den Sohn wegnehmen lassen! Den brauchten wir doch dringend für unseren Hof, ohne ihn wäre alles zusammengebrochen. Meine Frau und ich überlegten, ob wir dem Anton sofort übergeben sollten. Denn wenn der Hof ihm gehörte, so unsere Überlegung, würde das, falls er der Einberufung folgen musste, seine Existenz gefährden. Das konnte doch nicht sein!

Da unser Bub zu der Zeit aber erst einundzwanzig war, hielten wir ihn noch für zu jung, eine solche Verantwortung zu übernehmen. In meiner Not suchte ich Hilfe beim Bauernverband. Die erteilten uns den Rat, den Hof an unseren Sohn zu verpachten. Ja, das war's! Das schien uns eine gute Lösung. Wenn er der Pächter war, bedeutete der Hof für ihn ebenso die Existenz, als wenn er Besitzer gewesen wäre. Ich aber blieb weiterhin Eigentümer, behielt das Sagen auf meinem Hof und konnte mit der Übergabe warten, bis der Sohn das nötige Alter und die nötige Reife besaß.

Es wurde also gleich ein Pachtvertrag aufgesetzt, mit dem Erfolg, dass der Sohn zurückgestellt wurde. So konnte er den Hof am Leben erhalten. Allerdings wurde immer wieder mal von amtlicher Seite kontrolliert, ob der Jungbauer wirklich auf dem Hof tätig sei oder irgendwo zur Arbeit gehe. Doch sie konnten kommen, wann sie wollten, sie trafen ihn jedes Mal zu Hause an. Dort hatte er wirklich genug zu tun, da ich selbst ja noch immer nicht viel arbeiten konnte.

Ja, und dann kam die Zeit, da Anton auf Freiersfüßen ging, was mich auch wieder sehr an die Zeit erinnerte, als ich um die Resi warb. Eines Tages stellte er uns dann seine Auserwählte vor. Mit seiner Wahl waren wir sehr zufrieden. Sie stammte nicht nur aus der Landwirtschaft und war mit allen einschlägigen Arbeiten vertraut, sie hatte sogar noch eine zusätzliche Ausbildung in Hauswirtschaft absolviert. Und das Schöne: Sie war bereit, bei uns einzuheiraten. Das waren also beste Voraussetzungen, die sie mitbrachte.

Da Anton mittlerweile vierundzwanzig Lenze zählte und sich als Pächter ausgezeichnet bewährt hatte, sahen wir keinen Grund, den Übergabetermin noch weiter hinauszuschieben. Im Herbst 1986 marschierten wir also wieder einmal nach Mühldorf zum Notar. Der alte Notar, bei dem wir seinerzeit den Übergabevertrag mit meinem Vater gemacht hatten, war längst im Ruhestand. Aber es waren noch dieselben Räume, derselbe alte Schreibtisch, nur dass nun ein junger Nachfolger daran saß. Es wurden die üblichen Vertragsklauseln vorgelesen, dann ging's ans Unterschreiben. Wir waren stolz, unserem Sohn das Anwesen schuldenfrei übergeben zu können.

Im September des folgenden Jahres heiratete Anton seine Claudia. In der Zwischenzeit hatten wir das Haus so umgebaut, dass zwei separate Wohnungen entstanden waren. Die jungen Leute bekamen die Wohnung im Erdgeschoss, und wir Alten zogen uns in die obere Wohnung zurück, also aufs Altenteil.

Während die beiden auf Hochzeitsreise waren, erledigten wir selbstverständlich die anfallende Stallarbeit. Inzwischen hatte sich mein Zustand nämlich so gebessert, dass ich dazu durchaus in der Lage war. Nachdem das junge Paar aber aus den Flitterwochen zurückgekehrt war, durften wir den Stall nicht mehr betreten.

»Was ist denn jetzt los?«, wollte ich von meinem Sohn wissen.

»Vater, ihr habt lange genug gearbeitet. Ihr habt es jetzt verdient, euch auszuruhen.« Irgendwie klang das nett und besorgt, dennoch gab es mir einen Stich.

»Aber geh, Bub«, widersprach ich ihm. »So darfst du das nicht sehen. Wir wollen uns nicht ausruhen. Die Arbeit macht uns noch immer Spaß.«

»Das mag sein, Vater. Aber nach deiner schweren Verletzung durch deinen Sturz im Silo solltest du dich jetzt wirklich schonen.«

»Ach, Anton, das ist doch jetzt schon so lange her, dass ich davon gar nichts mehr merke.«

Nun wurde er deutlicher:«Das mag sein, Vater, aber wir möchten euch beweisen, dass wir es auch ohne eure Hilfe schaffen. Lasst uns also unseren Kram allein machen.«

Uns blieb nichts anderes übrig, als das zu akzeptieren. Ab sofort also zum Nichtstun verurteilt, verkrochen wir uns in unsere Wohnung. Gewiss, es gab noch dieses und jenes aufzuräumen. Aber dann langweilten wir uns zu Tode. Wehmütig mussten wir daran denken, dass wir seinerzeit froh gewesen waren über jeden Handgriff, den meine Eltern bei uns getan hatten. Nur dadurch, dass sie überall noch tatkräftig mitgeholfen hatten, war es uns überhaupt möglich gewesen, über die Runden zu kommen. Gewiss, es waren jetzt andere Zeiten. Das Leben des Bauern war längst nicht mehr so arbeitsintensiv, da man für alle Arbeitsgänge Maschinen einsetzen konnte. Selbst die Kühe wurden nun per Maschine gemolken, und der Mist wurde automatisch weggeschwemmt. Auch in der Küche hatten viele Elektrogeräte Einzug gehalten, die der Bäuerin die Arbeitszeit erheblich verkürzten.

Nun ja, dachten wir, wenn wir schon zum Nichtstun verurteilt sind, dann sollten wir endlich das nachholen, wozu in unserem bisherigen Leben nie Zeit gewesen war, nämlich mal einen Erholungsurlaub machen oder eine Reise unternehmen. Wir hatten ja noch kaum etwas von Deutschland gesehen, geschweige denn von fremden Ländern, abgesehen von unserer Romreise. Als Erstes nahmen wir das Angebot an, zwei Wochen in dem VDK-Haus in Bad Kissingen zu verbringen. Es gefiel uns dort ausgezeichnet, und wir kamen gut erholt nach Hause. Nach wenigen Tagen aber kribbelte es uns in den Fingern und wir – an lebenslanges Arbeiten gewöhnt – hätten gern eine Aufgabe übernommen. Aber wir wollten nicht aufdringlich sein, unser Sohn hatte sich ja deutlich genug ausgedrückt.

»Wenn sie uns brauchen, werden sie schon anfragen«, meinte ich zu meiner Frau. »Solange sie allein zurechtkommen, müssen wir das hinnehmen.«

Statt also etwas Nützliches zu tun, wälzten wir Reiseprospekte und entschieden uns für eine Fahrt in die Türkei. Mit dem Reisebus ging es zunächst nach Istanbul. Eine ganz neue Welt tat sich uns auf. Wir besuchten auch noch andere Städte und verbrachten am Schluss einige Tage am Meer. Das war wunderschön.

Kaum aber waren wir wieder daheim, begannen wir uns zu langweilen. Es ist wirklich schwer zu ertragen, auf einmal so überflüssig zu sein. Nur, um etwas zu tun zu haben, fuhren wir ab und an ins Schwimmbad. Nebenbei bemerkt, das Schwimmen und die anderen Bewegungen im Wasser taten unseren alten Knochen wirklich gut. Im Frühjahr des folgenden Jahres verbrachten wir wieder einige Wochen in Bad Kissingen. Es folgte eine Urlaubsreise nach Mallorca.

Nachdem die Ernte eingebracht war, witterten wir unsere Chance. Die jungen Leute hatten uns nämlich mitgeteilt, dass sie im September in Urlaub fahren wollten. Am Tag vor der Abreise erschien jedoch eine junge kräftige Frau auf dem Hof, die man im Stall und in der Scheune herumführte, damit sie wusste, was auf sie zukommt.

»Ja, was ist denn das?«, fragte ich meinen Sohn.

»Tja, Vater, das ist eine Betriebs- oder Dorfhelferin. So etwas gibt es heute. Die Dorfhelfer kann man im Krankheitsfall, oder wenn man mal in den wohlverdienten Urlaub fahren will, anfordern.«

Vor Staunen bekam ich zunächst den Mund nicht zu. Dann gab ich zu: »Diese Möglichkeiten hätten wir früher mal haben sollen, dann wäre so manches einfacher gewesen.«

Unsere jungen Leute fuhren also ab, die Betriebshelferin kam jeden Morgen und jeden Abend, um das Vieh zu versorgen. Sie war eine nette zugängliche Person und hatte nichts dagegen, dass wir ihr bei der Stallarbeit ein wenig zur Hand gingen.

Nach dieser Zeit fühlten wir uns wieder genauso überflüssig wie vorher. Also buchten wir eine Reise nach Rhodos. Vom 13. bis 27. Oktober weilten wir also auf dieser wunderschönen griechischen Insel. Neben all der Schönheit, die wir zu sehen bekamen, genossen wir die Verlängerung des Sommers, während bei uns daheim der Herbst schon Einzug gehalten hatte, mit seinen unangenehmen Begleiterscheinungen.

Im Dezember musste ich mir ernstliche Sorgen um meine Frau machen. Sie war eben mal nach unten gegangen, um sich im Stall von unserer Schwiegertochter Milch für unseren Kaffee geben zu lassen. Dort klappte sie auf einmal zusammen.

Claudia konnte gerade noch hinzuspringen, um sie aufzufangen, sonst wäre meine Resi mit dem Kopf auf dem Betonboden aufgeschlagen. Die Schwiegertochter rief nach ihrem Mann. Gemeinsam brachten sie die Mutter in ihre Wohnung und betteten sie auf die Couch.

Anschließend kam die Claudia zu mir, mit der Schreckensbotschaft: »Deine Frau hat es umg'haut.«

Diese Nachricht hätte mich beinahe ebenfalls »umg'haut«. Doch schnell hatte ich mich wieder gefasst, und ich eilte nach unten. Die Resi war schon wieder ansprechbar, von einem Arzt wollte sie jedoch nichts wissen. Aber ich bestand darauf, dass sie gründlich untersucht werde.

Nun bestand die Resi darauf, dass sie nach oben in unsere Wohnung gebracht werde. Es sei ihr lieber, den Arzt dort zu empfangen. Während also die Claudia den Doktor anrief, stützte Anton seine Mutter unter dem rechten Arm, und ich sie unter dem linken. So schafften wir sie mit vereinten Kräften nach oben. Meine Frau lag noch nicht lange in ihrem Bett, da erschien unser Hausarzt. Seine Diagnose: Kreislaufkollaps. Zur Beruhigung verabreichte er ihr eine Spritze. Dann meinte er, die Resi arbeite zu viel. Sie müsse mal für eine Weile ausspannen. Sie solle für ein paar Wochen in Urlaub fahren, um sich mal gründlich zu erholen.

Da sah ich mich genötigt, den Doktor aufzuklären: »Wir fahren ja schon von einem Urlaub in den anderen. Kann es nicht umgekehrt sein? Meiner Meinung nach hat meine Frau nicht zu viel zu tun, sondern zu wenig. Sie leidet darunter, dass sie keine

Pflichten und keine Aufgaben hat. Sie kommt sich so überflüssig vor. Das ist es, was sie krank macht.«

Da wurde unser Hausarzt sehr nachdenklich. »So ein Fall ist mir noch nicht vorgekommen. Aber mit deiner Vermutung könntest du recht haben. Trotzdem wäre es gut, wenn ihr jetzt mal für ein paar Tage wegfahrt, damit die Resi zu eurer häuslichen Situation Abstand bekommt.«

Diesen Rat befolgten wir.

Eines Abends im Februar darauf war es dann die Claudia, die aus heiterem Himmel ohnmächtig wurde. Zum Glück befand sie sich auf ihrer Couch. Der sofort herbeigerufene Notarzt konnte uns beruhigen. Die junge Frau sei nicht krank, sie erwarte lediglich ein Kind.

Über diese Mitteilung war meine Frau ganz aus dem Häuschen. »Ein Kind, Toni, hast du das gehört? Wir bekommen ein Enkelkind! Das bedeutet junges Leben ins Haus! Damit habe ich eine neue Aufgabe. Ich werde mich liebevoll um mein Enkelchen kümmern. Dann habe ich eine Beschäftigung, falls du mal wieder zum Haushüten gehst«, rief sie ganz glücklich aus.

Dazu muss ich Folgendes erklären: Da es mir, wie bereits erwähnt, mangels einer vernünftigen Aufgabe immer furchtbar langweilig war, seit wir auf dem Altenteil sitzen, begann ich nicht nur damit, Bücher zu lesen, ich las auch ausführlich die Tageszeitung. Ja, ich studierte sie geradezu, während ich sie früher immer nur hatte überfliegen können, um über das Wichtigste informiert zu sein. Einmal war mir bei diesem »Studium« die Anzeige einer Haushüter-Agentur ins Auge gefallen. Diese suchte zuverlässige Rentner, die vorübergehend in das Haus ihrer Kunden einziehen, um es zu bewachen, damit die Besitzer unbesorgt in Urlaub fahren können. Das schien mir für mich genau die richtige Aufgabe zu sein. Also rief ich bei der Agentur an und erfuhr, dass zu den Aufgaben eines Haushüters das Blumengießen gehörte, das Leeren des Briefkastens und möglicherweise auch die Betreuung eines Hundes. Das alles sagte mir zu, also reichte ich meine schriftliche Bewerbung ein.

Schon bald bekam ich meinen ersten Auftrag, in Gräfelfing hatte ich ein Haus zu betreuen. Das war wirklich keine schwere Arbeit. Für eine Woche war ich gut beschäftigt und verdiente nebenbei noch Geld.

Bald fühlte sich unsere Schwiegertochter trotz ihrer Schwangerschaft so wohl, dass sie mit ihrem Mann Anfang April für eine Woche nach Südtirol fuhr. Dank der Betriebshelferin war das möglich. Diesmal war es gut, dass sie diese rechtzeitig organisiert hatte, denn bei mir stand eine Augenoperation an, grauer Star. Am 19. April musste ich für zehn Tage ins Krankenhaus. Die Operation verlief gut, und das Ergebnis war ebenfalls zufriedenstellend.

Einige Zeit danach machte der Resi und mir schon wieder die Langeweile zu schaffen. Deshalb verbrachten wir fast drei Monate am Chiemsee. Was für eine wunderschöne Zeit! Wir sind nicht nur viel zum Baden gegangen und haben nicht nur die

Herren- und die Fraueninsel besucht, wir sind auch mit unseren Rädern einmal um den ganzen See gefahren.

Kaum waren wir wieder zu Hause, kam unsere Schwiegertochter mit Wehen ins Krankenhaus. Mitte Juli 1989 kam Johanna zur Welt, das erste Kind unseres Sohnes. Da Resi gehofft hatte, bei dem ersten Enkelkind in unserem Hause ihre ganze Liebe und Fürsorglichkeit verströmen zu können, sah sie sich bitter getäuscht. Nach ihrer Rückkehr aus dem Krankenhaus war die junge Mutter eine solche Glucke und so besorgt, dass sie vorerst niemanden an ihr Kind heranließ. Aus lauter Enttäuschung darüber wollte die Resi nur weg. Wir verbrachten einige Zeit in einem Dorf namens Hüttschlag, wo wir viel wanderten.

Zur Taufe der lieben Kleinen waren wir natürlich rechtzeitig zurück. Es wurde wirklich ein schönes Fest, mit fünfzehn Gästen, darunter der Pfarrer und der Mesner. Auch die engsten Verwandten kamen. Wir waren glücklich, dass wir bei dieser Gelegenheit das Kind mal auf den Arm nehmen durften.

Ende September fuhr ich zur Kur nach Bad Zwischenahn, für fünf Wochen. Da ich schwer kriegsbeschädigt bin, stehen mir regelmäßig solche Kuren zu. Bei meiner Heimkehr Anfang November berichtete mir meine Frau ganz traurig, dass sie die kleine Enkelin noch immer nicht hatte betreuen dürfen. Wenn ich da an unsere Zeit als junge Eltern zurückdenke! Ich kann mir gar nicht vorstellen, wie wir hätten zurechtkommen sollen ohne die Hilfe meiner Mutter, die uns jederzeit die Kinder abnahm, wenn wir im Stall oder auf den Feldern zu tun hatten.

Ende November aber kam dann für meine Frau die erlösende Nachricht. Claudia hatte einen wichtigen Termin wahrzunehmen und bat die Oma, sich derweil um Klein-Johanna zu kümmern. Resi holte das Kind nach oben, und ich konnte beobachten, wie glücklich sie war, dass sie der Johanna die Flasche geben und sie wickeln durfte. Es war ja ein so liebes und pflegeleichtes Kind!

Danach pendelte es sich so langsam ein. Immer wieder mal nahm man Resis Dienste als »Babysitter« in Anspruch. Und als das schöne Frühjahr kam, war sie die stolzeste Oma, die jemals ein Enkelkind ausgefahren hat. In diesem Frühjahr hatte man sogar Arbeit für uns beide. Nun weiß ich nicht, ob man keine Dorfhelferin bekommen oder ob man erst gar nicht um eine angefragt hatte – danach erkundigte ich mich auch nicht, das war mir egal. Die Hauptsache war doch, wir bekamen wieder etwas Sinnvolles tun. Während die junge Familie für zwei Wochen in Urlaub weilte, durften wir die Stallarbeit verrichten, ich durfte sogar silieren und zetteln. Mit »Zetteln« bezeichnet man den Vorgang, per Maschine das Heu auszustreuen, damit es trocknen kann. Sogar eggen und pflügen durfte ich wieder. Darüber war ich richtig glücklich.

Ende Juni waren dann wieder meine Dienste als Haushüter gefragt, für zwei Wochen nistete ich mich in Ottobrunn bei München ein. Für mich war es nicht nur interessant, immer wieder mal eine gewisse Zeit in einer fremden Wohnung zu verbringen, sondern auch den neuen Ort zu erkunden. Ende August weilte ich wieder für eine Woche in Gräfelfing, in dem Haus, das ich bereits kannte. Dennoch gab es in dem Ort Neues für mich zu entdecken. Danach fuhr ich für drei Wochen nach Rumänien. Ich wollte die Stätten aufsuchen, an denen ich als Kriegsverwundeter gewesen war. Meine Frau hatte daran weniger Interesse, außerdem wollte sie abrufbereit sein, falls ihre Dienste als Babysitter gefragt waren. Sie war nämlich überglücklich, dass dieser Fall in der Zwischenzeit mehrmals eingetreten war.

Der letzte Tag des Jahres 1990 sollte ein Glückstag für uns werden. Im Krankenhaus zu Kraiburg brachte Claudia den neuesten Stammhalter des Edelhofes zur Welt. Er bekam den Namen Simon-Anton. Es ist schwer zu sagen, wer stolzer war, sein Papa oder sein Opa. Vor allem aber war die Oma glücklich, weil sie diesen Enkel schon bald immer wieder mal betreuen durfte. Natürlich genoss sie es auch, ihn an schönen Tagen spazieren zu fahren. Es bedurfte schon einiger Überredungskunst von meiner Seite, dass meine Frau mich Ende Februar für drei Wochen nach Bad Kissingen begleitete, wo ich mal wieder meine Erholungskur in Anspruch nahm.

Als unsere jungen Leute mit beiden Kindern am 7. April in Urlaub fuhren, machten wir wieder die Stallarbeit und fühlten uns sehr wohl dabei.

Ja, was soll ich sagen, 1993 kam der nächste Bub in der Familie unseres Sohnes an, der Tobias. Und mit drei kleinen Kindern ist man dankbar, wenn man Oma und Opa im Haus hat, die immer wieder mal als »Kindermädchen« einspringen können. Nun hatte unser Leben endlich wieder einen Sinn, Langeweile kannten wir nicht mehr. Wir brauchten keine großen Urlaube mehr, und ich nahm keine Aufträge mehr als Haushüter an. Nur meine Kuraufenthalte absolvierte ich regelmäßig, und meine Frau war jedes Mal mit von der Partie.

Nach der Geburt von Tobias schien die Familienplanung bei unserem Sohn abgeschlossen zu sein, denn es tat sich fünf Jahre lang nichts. Dann lag, für uns überraschend, ein kleines Mädchen in der Wiege, eine Julie. Wir waren glücklich, wieder etwas so Kleines umsorgen zu dürfen. Dazu gesellte sich im Jahre 2002 noch eine Luzia und im Jahre 2006 eine Felizitas. Nun war das halbe Dutzend voll. Man kann sich keine glücklicheren Großeltern vorstellen als uns beide, weil wieder so viel Leben im Haus war.

Mit zunehmendem Alter konnten wir zwar immer weniger im Stall helfen, aber wir hatten die Kinder sehr oft bei uns oben, was für die Eltern ja auch eine Entlastung bedeutete.

Obwohl wir relativ spät geheiratet hatten, konnten wir im Mai 2008 unsere Goldene Hochzeit feiern. Da in unserer Wohnung der Platz nicht ausgereicht hätte, hatten wir rechtzeitig einen kleinen Saal in einem Wirtshaus reservieren lassen. Unsere drei Kinder kamen mit ihren Ehepartnern sowie meine beiden Schwestern Ottilie und Katharina – und Resis Schwester Kathi, noch als Einzige ihrer Geschwister am Leben. Natürlich waren unsere neun Enkel vertreten, zum Teil schon mit Partnern. Außerdem kamen auch etliche von unseren Nichten und Neffen, mit oder ohne Partner oder gar mit ihren Nachkommen. So wurde es eine wunderschöne harmonische Familienfeier, an die wir gern zurückdenken.

Ja, die Resi und ich vertraten bald die Meinung, dass die Zeit auf dem Altenteil doch noch ein sehr glücklicher Abschnitt unseres Lebens geworden ist. Doch wenn man gar so glücklich ist, fällt dem Schicksal schon wieder etwas ein, um das Glücksgefühl zu dämpfen.

Es war im August 2010, die Resi war schon vor mir in die Schlafkammer gegangen. Ich folgte etwas später, weil ich im Fernsehen noch ein Fußballspiel zu Ende geschaut hatte. Als ich das Schlafzimmer betrat, bekam ich einen gewaltigen Schreck. Statt in ihrem Bett lag meine Frau auf dem Fußboden. Selbst mit meiner Hilfe war sie nicht in der Lage, sich zu erheben. Deshalb rief ich unseren Sohn zu Hilfe.

Nur mit Mühe gelang es uns, sie ins Bett zu schaffen. Das war ein Fehler, wie wir im Nachhinein erkennen mussten. Wir hätten sie gleich ins Krankenhaus schaffen müssen. Am nächsten Morgen konnte sie nämlich nicht aufstehen. Deshalb rief unsere Schwiegertochter den Sanka an. Der brachte Resi nach Mühldorf, wo man einen Schlaganfall diagnostizierte. Zum Glück war es kein schwerer gewesen, deshalb konnte man sie schon nach zwei Tagen nach Haag zur Reha schicken. Dort stellte man allerdings eine verschleppte Lungenentzündung und einen Beckenbruch fest, daher musste sie einige Monate dortbleiben. Erst im November kam sie wieder nach Hause.

Wie war ich glücklich, sie wieder bei mir zu haben, obwohl ich sie von nun an pflegen sollte. Aber das war kein großes Problem. Ich heuerte einen ambulanten Pflegedienst an, der mir morgens und abends half. Auch die Resi war unbeschreiblich glücklich, dass sie, wenn sie auch im Rollstuhl sitzen musste, ihre munteren Enkel wieder um sich haben durfte.

Im Frühjahr äußerte sie dann den Wunsch, nach Altötting zu fahren. Sie hatte das Bedürfnis, sich bei der Gottesmutter zu bedanken, dass sie doch wieder nach Hause gekommen war. Im Rollstuhl schob ich sie in die Gnadenkapelle, wo wir lange vor dem Bild der Mutter Gottes verharrten. Dann ging es, seelisch gestärkt, wieder in unseren Alltag zurück. Im Jahr darauf schob ich meine Frau noch einmal im Rollstuhl in die Gnadenkapelle. Und einige Zeit später kam sie sogar wieder auf die Beine.

Die Enkel werden allmählich erwachsen, einige sind bereits berufsbedingt immer öfter und länger von zu Hause weg. Aber unsere drei Jüngsten, unsere »kleinen Mädchen« Julie, Luzia und Felizitas, kommen jeden Nachmittag herauf, versorgen uns aufs Beste und leisten uns bis zum Abend Gesellschaft. Ja, und eine ganz große Freude ist es für mich, zu wissen, dass der Hof mindestens noch eine Generation weitergeführt wird. Simon, nun vierundzwanzig Jahre alt, hat Interesse an dem Anwesen bekundet. Sobald er seine Ausbildung in Melktechnik beendet hat, will er auf den Hof seiner Väter zurückkehren.

Wenn wir heutzutage auf unserem Balkon sitzen, der seit einiger Zeit mit Glas verkleidet ist, damit wir uns dort bei fast jedem Wetter aufhalten können, und hinausschauen über das weite Land, das wir einst mit so viel Einsatz bewirtschaftet haben, steigt in uns das Gefühl auf, dass unser Altenteil doch noch zu einer schönen und wertvollen Lebenszeit geworden ist, und wir danken dem Herrgott jeden Tag, dass wir noch beieinander sein dürfen.

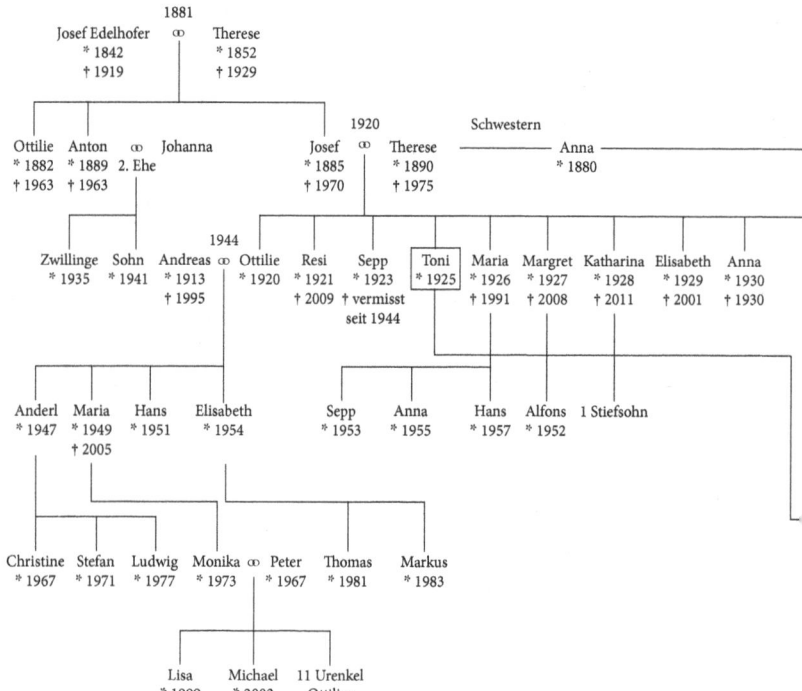

# Weitere Bücher von Roswitha Gruber

**Unglaubliches Schicksal einer Nonne**
256 Seiten
ISBN 978-3-475-54853-6

Als Mitte des 19. Jahrhunderts die vier Kinder des Ehepaares Waldheim sterben, geben diese auf Anraten ihres Pfarrers das Versprechen ab, ihre nächsten Kinder in den Dienst der Kirche zu stellen. Anna, die sich auch nach sechs Jahren immer noch nicht mit ihrem Leben im Kloster abgefunden hat, lernt einen jungen Adeligen kennen. Sie verlieben sich ineinander, doch eines Nachts entführt er sie…

**Der Fluch der Altbäuerin**
272 Seiten
ISBN 978-3-475-54804-8

Marianne muss als älteste Tochter auf dem von Armut geprägten Bauernhof in einem Seitental des Inns schwer mit anpacken. Das Mädchen schwört sich eines: Sollte sie jemals heiraten, dann auf keinen Fall einen Bauern. Alle Vorsätze sind jedoch vergessen, als ihr die große Liebe begegnet: Paul ist ein wunderbarer Mann und er ist Bergbauer. Doch seine Mutter, die Altbäuerin, bereitet Marianne die Hölle auf Erden …

**Das böse Weib vom Weiherhof**
272 Seiten
ISBN 978-3-475-54837-6

Die kleine Vroni lebt auf einem Bauernhof, den ihr Vater in einer Notlage von einer alten Frau erworben hat. Als Vroni fünf Jahre alt ist, wird der Vater durch einen landwirtschaftlichen Unfall querschnittsgelähmt, und wenig später stirbt die Mutter nach einem Autounfall. Nun kümmert sich die alte Frau liebevoll um die Halbwaisen. Erst Jahre später erfährt Vroni, dass diese Frau ursächlich am Tod der Mutter schuld ist.

Informationen zu unserem Verlagsprogramm finden Sie
unter www.rosenheimer.com

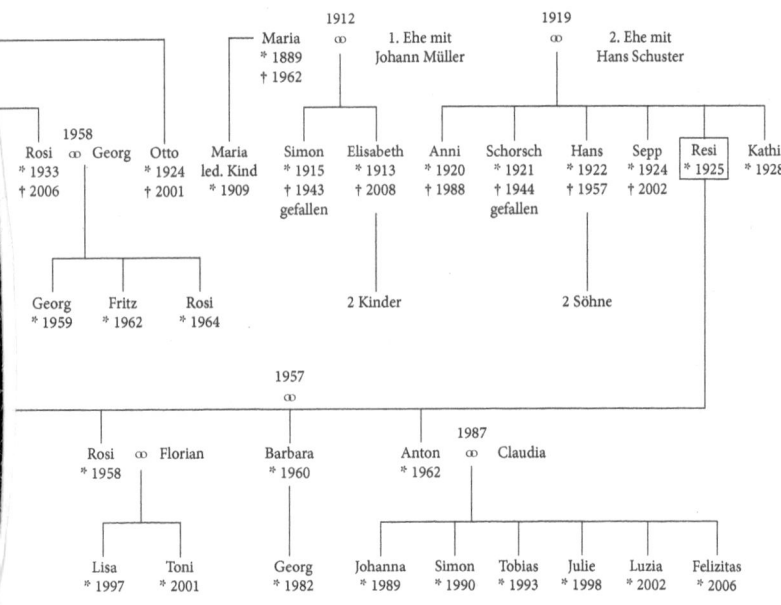